일본은
왜
점점 더
큰 전쟁으로
나아갔을까

일본은 왜 점점 더 큰 전쟁으로 나아갔을까

초판인쇄 2022년 3월 29일 초판발행 2022년 4월 14일

지은이 가토 요코 옮긴이 윤현명 펴낸이 박성모 펴낸곳 소명출판 출판등록 제13-522호

주소 서울시 서초구 서초중앙로6길 15, 2층 전화 02-585-7840 팩스 02-585-7848

전자우편 somyungbooks@daum.net 홈페이지 www.somyong.co.kr

값 14,500원 ⓒ 소명출판, 2022

ISBN 979-11-5905-682-6 03910

이 저서는 2017년 대한민국 교육부와 한국연구재단의 지원을 받아 수행된 연구임(NRF-2017S1A6A3A02079082)

Constructed by NISHIDA Setsuo

일본은 왜

점점 더 큰 전쟁으로 나아갔을까

Why had Japan Gone forward to an Increasingly Bigger War?

가토 요코 지음
윤현명 옮김

일러두기

1. 원서에는 주석이 없지만, 역자가 이해를 돕기 위해 덧붙였다.
2. 일본 및 중국 관련 인명, 지명, 기타 용어는 가급적 현지 발음에 따라 표기했다.(예 : 고노에 후미마로(近衛文麿))
3. 그러나 필요한 경우에는 한자식으로 표기했다.(예 : 지나주둔군(支那駐屯軍))
4. 그 외에 필요하다고 생각되는 경우, 일본어식 표기와 한자식 표기를 적절하게 섞어 사용했다.(예 : 고노에 수상)
5. 원서에는 연표가 있지만, 실효성이 없다고 판단해서 생략했다.

머리말

이 책은 2011년 5월, NHK 교육텔레비전에서 네 번에 걸쳐 방송된 〈거슬러 올라가는 일본사－쇼와 막을 수 없었던 전쟁〉의 내용을 토대로 집필했습니다.

위의 프로그램은 첫 번째 방송의 앞부분에서 1945년 3월 10일의 도쿄 대공습 피해자들이 행한 위령제를 비추었고, 네 번째 방송에서는 국가 정책에 의해 만주로 보내졌던 개척단 귀환자들이 행한 위령제를 조명했습니다. 여기서 우리는 담당 PD 이와타 신지岩田真治의 의도를 이해할 수 있습니다. 그는 사람들의 마음이 서린 이 땅과 사료를 통해 왜 일본이 전쟁의 확대를 막지 못했는지, 왜 1년이라도 빨리 전쟁을 그만둘 수 없었는지를 끊임없이 묻고 있는 것입니다.

이에 관해 이 책에서는 시간 관계상 방송에서 다 다루지 못했던 것도 자세히 다룰 것입니다. 찬찬히 읽어주시면 감사하겠습니다.

가토 요코

차례

제1장

패전의 길

1944년

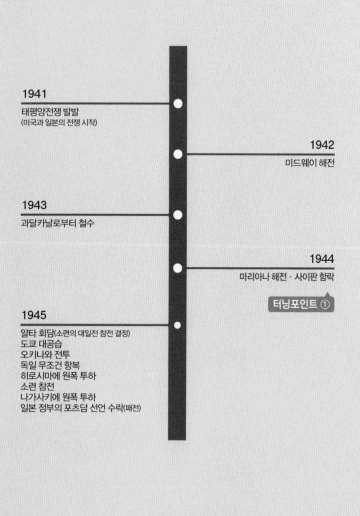

1941
태평양전쟁 발발
(미국과 일본의 전쟁 시작)

1942
미드웨이 해전

1943
과달카날로부터 철수

1944
마리아나 해전 · 사이판 함락

터닝포인트 ①

1945
얄타 회담(소련의 대일전 참전 결정)
도쿄 대공습
오키나와 전투
독일 무조건 항복
히로시마에 원폭 투하
소련 참전
나가사키에 원폭 투하
일본 정부의 포츠담 선언 수락(패전)

1. 서태평양의 작은 섬들

우리에게 하와이, 괌 등은 비교적 가까운 외국 휴양지입니다. 실제로 다녀오신 분도 많을 것입니다. 그러면 하와이, 괌 등은 태평양의 어느 쪽에 있는지 정확히 알고 계시나요? 하와이의 경우, 미국과 일본의 거의 중앙에 있습니다. 그럼 괌은 어디에 있을까요?

일단 하와이에서 죽 서쪽으로 가야 합니다. 그렇게 서태평양의 적도에서 북쪽으로 가면, 북으로는 일본, 남으로는 뉴기니, 서쪽으로 필리핀에 둘러싸인 곳에 작은 섬이 늘어서 있는 곳이 보입니다(둘러싸였다고 해도 어느 쪽이든 2,000km 이상 떨어져 있습니다만). 남북으로 오이처럼 15개의 작은 섬이 늘어선 이곳을 '마리아나제도'라고 합니다. 그리고 그 중 남쪽 끝이 괌이라고 불리는 섬입니다.

마리아나제도는 크게 둘로 나뉩니다. 남쪽 끝의 괌은 미국령이고 나머지 14개의 섬은 미국의 자치령으로 '북마리아나제도연방'이라고 합니다. 크게 둘로 소속이 나뉘는 이유는 나중에 말씀드리겠지만, 역사적으로 이 섬들을 둘러싼 독일, 일본, 미국의 역학관계에 있습니다.

어쨌든 괌을 제외한 '북마리아나제도연방'의 중심은 자치령의 중심인 사이판섬입니다. 사이판은 남북으로 약 20km, 동서로 약 6km의 가늘고 긴 섬으로, 면적은 약 120km²입니다. 이 섬은 파란 하늘과 바다, 야자나무와 사탕수수가 우거진 아름다운 열대의 섬입니다. 그러나 이 작고 아름다운 섬은 태평양전쟁 당시 격전지였습니다. 아니, 당시에는 태평양에 산재해 있는 수많은 섬이 격전지였습니다. 서태평양의 솔로몬제도, 마셜제도, 길버트제도, 캐롤라인제도, 팔라우제도 그리고 북태평양의 알류샨열도의 애투섬이 모두 격전지였던 것입니다.

그런데 위의 격전지 중 사이판을 둘러싼 공방과 마리아나제도에서 벌어진 해전이 전쟁의 흐름에 결정적인 의미를 가진 전투였다고 하면, 고개를 갸우뚱하시는 분이 많을 것입니다. "다른 큰 섬 가령 과달카날, 레이테, 이오섬, 오키나와 등에서도 대규모 전투가 벌어지지 않았나? 히로시마와 나가사키에 원자폭탄이 떨어진 것이 더 큰 사건 아니었나?" 이런 식으로 생각하실지도 모르겠습니다. 물론 그런 전투와 사건도 전쟁의 흐름에 커다란 영향을 끼친 것은 사실입니다. 특히 원자폭탄 투하는 더욱 그렇습니다.

하지만 저는 '전쟁 종결'의 가능성이라는 관점에서 태평양전쟁의 과정을 돌아볼 때 다음과 같이 생각합니다. 1944년 6

월에 벌어진 '마리아나 해전'과 이어 7월까지 계속된 사이판 전투에서 일본이 패하고 사이판을 잃은 것, 즉 '사이판 함락' 이야말로 태평양전쟁의 결정적인 터닝 포인트였다고 말입니다.

1928년경 육군대학의 교관이었던 이시와라 간지石原莞爾, 1889~1949[1]는 전쟁을 두 가지 형태로 구분했습니다. 섬멸전과 지구전이 그것입니다. 이시와라는 일본과 러시아가 싸웠던 러일전쟁, 유럽에서 벌어진 제1차 세계대전을 지구전이라고 생각했습니다. 사실 20세기 이후 총력전의 시대가 열리면서 전쟁은 장기화를 띠게 됩니다. 이것은 20세기에 들어와 전쟁의 형태가 바뀌었다는 것을 의미합니다.

전쟁 형태의 변화는 또 있었습니다. 제1차 세계대전 당시 미국의 월슨 대통령은 독일 측에 휴전협정안으로 이것저것 조건을 제시한 바 있습니다. 하지만 이후 미국은 독일 측에 여러 가지 타협안을 제시한 것을 반성하고, 전쟁 상대국에 대한 태도를 바꾸게 되었습니다. 그래서 제2차 세계대전이

---

[1] 육군 군인으로 전략가, 만주사변의 주모자로 유명하다. 1931년 만주사변을 일으켜 중국의 동북 지방을 점령했고, 1937년의 중일전쟁 시기에는 참모본부의 작전부장으로서 군사전략을 수립했다. '세계최종전쟁론', 즉 일본이 미국을 상대로 최후의 대전쟁을 준비해야 한다고 주장했다.

〈지도 1〉태평양전쟁 발발 당시의 태평양 Constructed by NISHIDA Setsuo

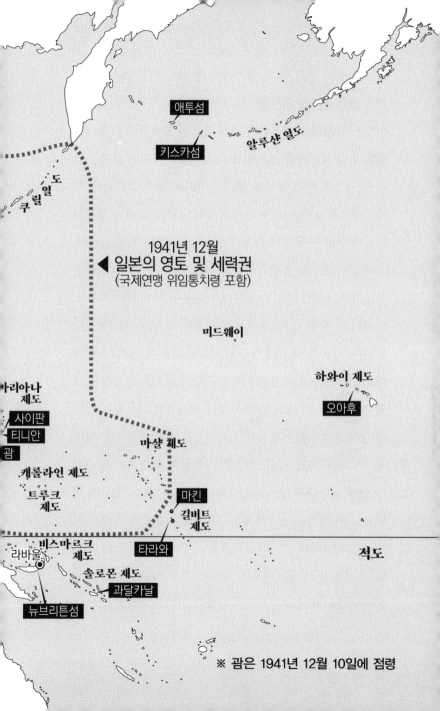

애투섬

키스카섬

알류샨 열도

쿠 릴 열 도

1941년 12월
◀ 일본의 영토 및 세력권
(국제연맹 위임통치령 포함)

미드웨이

하와이 제도

오아후

마리아나 제도

사이판

티니안

괌

마샬 제도

캐롤라인 제도

트루크 제도

마킨

길버트 제도

비스마르크 제도

라바울

타라와

적도

솔로몬 제도

과달카날

뉴브리튼섬

※ 괌은 1941년 12월 10일에 점령

발발하자 미국은 제1차 세계대전 때와는 달리 상대국에 대해 무조건 항복을 요구했습니다. 즉, 전쟁을 그만두고 싶으면 어설픈 타협안을 제시하지 말고 무조건 항복하라는 것이었습니다. 정리하자면, 제1차 세계대전 이후 세계의 전쟁은 장기전, 무조건 항복 전쟁의 형태로 바뀌어 갔던 것입니다. 특히 미국, 영국 측은 일찌감치 전쟁의 대가를 높게 설정해서 독일과 일본 등이 감히 전쟁에 호소하지 못하도록 했습니다. 이와 같은 정책을 통해 두 나라는 유럽과 아시아에서 평화를 유지하려고 했습니다. 1920년대, 1930년대의 이야기입니다.

그러나 이와는 다른 움직임이 1920년대, 1930년대에 있었습니다. 각국은 해군력 경쟁을 제한하기 위해 여러 차례 협상을 단행했는데, 협상은 난항을 거듭했고 서로의 불신을 크게 했습니다. 또 1929년에 시작된 세계적인 대공황은 각국에 국제관계가 불공평하다는 생각을 심어주었습니다. 자국 중심주의가 크게 퍼진 것이지요. 각국의 위정자와 국민이 '전쟁에 호소하지 않으면 안 된다', '전쟁을 해도 된다'는 식의 논리와 생각을 공유하게 될 때, 전쟁을 시작하는 것은 비교적 수월합니다. 그 결과 전쟁을 시작하기 비교적 쉬운 상황, 전쟁을 끝내기는 어려운 상황이 펼쳐집니다. 1920년대, 1930년대는 바로 이 두 가지 상황이 심각한 괴리를 나타낸

시대였습니다. 1937년 7월에 중국과 전쟁을 시작한 일본도, 1939년 9월에 폴란드를 침공한 독일도 이 부분을 잘 알아차리지 못했던 것입니다.

　미국은 독일군을 상대로 고전하고 있던 소련이 동부 전선에서 계속 전쟁을 수행해주기 원했습니다. 그런 이유도 있었기에 미국은 추축국에 대해 무조건 항복 노선을 견지하며, 강경한 태도를 유지했습니다. 그래서 저는 이렇게 생각합니다. 일본이 1945년 8월의 패전 시점보다 더 일찍 전쟁을 끝내려고 했다면, 패전 1년 전인 사이판 함락 때 결단을 내렸어야 했다고 말입니다. 그 기회를 놓쳤기 때문에 일본은 패배를 거듭했고, 더 비참한 전쟁을 수행해야 했으며, 결국 이것은 더 큰 피해를 초래했습니다. 그럼 이제부터 사이판 함락은 어떤 의미를 지녔고, 이후 전쟁의 양상을 어떻게 바꾸어갔으며, 왜 일본은 그 시점에서 전쟁을 끝낼 수 없었는지를 검증해보도록 하겠습니다.

2. 서전緖戰의 승리 그리고 암울한 전황

태평양전쟁의 시작부터 사이판 함락까지의 과정을 보기 전에, 먼저 한 가지 확인해둘 것이 있습니다. 넓은 범위로 말하면, 태평양전쟁은 제2차 세계대전의 일부로서, 아시아·태평양 지역에서 벌어진 전쟁을 가리킵니다.

또 일본 측에서 보자면 중일전쟁이 미국·영국과의 전쟁으로 확대된 전쟁이기도 합니다. 사실 일본에서 '태평양전쟁'이라는 명칭은 제2차 세계대전 이후에나 사용되었습니다. 그럼 제2차 세계대전이 한창일 때 일본은 '태평양전쟁'을 어떻게 불렀을까요? 바로 도조 히데키東条英機, 1884~1948[2] 내각이 결정한 '대동아전쟁(대동아 신질서의 건설을 목적으로 하는 전쟁)'이라는 명칭을 사용했습니다. 하지만 전후 GHQ(연합국 최고사령관 총사령부)는 '대동아전쟁'이라는 이름을 '국가 신도, 군국주의, 과격한 국가주의'와 떼려야 뗄 수 없는 용어로 규정하고 그 사용을 금지했습니다. 그래서 미국 측의 명칭인 '태평양전쟁'이 일본에서도 널리 퍼지게 되었습니다. 하지만

---

2   일본의 육군 군인이자 정치가. 태평양전쟁 이전부터 대미 강경책을 주장했고, 수상이 되어 미국과의 전쟁을 결정했다. 태평양전쟁을 지도하며 강력한 권력을 행사했다. 제2차 세계대전 후 전범으로 기소되어 사형당했다. 제2차 세계대전 당시 일본 측 지도자, 전범을 대표하는 인물로 유명하다.

'태평양전쟁'이라는 이름은 중국 대륙, 동남아시아에서 벌어진 전쟁을 잊게 만들 수 있다는 문제가 있습니다. 그래서 최근에는 '아시아·태평양전쟁'이라는 명칭을 사용하자는 주장이 퍼지고 있습니다. 그런데 1920년대 후반의 미국, 소련 등의 사료를 보면, '태평양'의 범위가 태평양에 접하는 모든 지역, 심지어 그곳을 식민지로 지배하는 서구 국가까지 포함하고 있었습니다. 즉, 중국, 동남아시아를 포함한 광대한 지역을 '태평양'이라는 이름으로 이해하고 있었던 것입니다. 그런 관점으로 태평양을 이해한다면, '태평양전쟁'이라는 명칭은 오늘날의 관점으로도 틀리지 않습니다.

단, 여기서는 일본이 수행한 대미 전쟁 중심으로 태평양전쟁을 다룰 것입니다. 물론, 같은 시기에 중국 대륙에서는 그전부터 중국과 일본의 전쟁이 진행되고 있었고, 프랑스령 인도차이나(현재의 베트남)의 경우, 그 전에 일본군이 진주했습니다. 또 영국령 말레이(현재의 말레이시아), 미국령 필리핀, 네덜란드령 동인도(현재의 인도네시아) 등의 동남아시아 지역은 일본군에 의해 점령되어 군정이 행해지고 있었습니다. 이런 점도 염두에 두셨으면 합니다.

자, 서두가 길었습니다. 그럼 우선 사이판에서 전투가 벌어지기까지의 과정을 정리해보겠습니다. 보통 우리는 미국과 일본의 전쟁에서 먼저 1941년 12월 8일의 '진주만 공격'을 떠올립니다. 진주만 공격은 일본 해군의 기동부대가 하와이·오아후섬의 진주만에 있는 미 해군 기지를 기습 공격한 작전입니다. 이 공격으로 일본군은 미 해군의 전함 8척을 침몰 혹은 격파하는 커다란 전과를 올렸습니다. 국력이라는 면에서 압도적인 우위를 자랑하는 미국에 대해, 항모 6척을 모아서 운용하고, 기습까지 감행해서 승기를 잡으려고 했던 일본의 전략이 일단은 성공한 셈입니다.

그런데 실은 하와이 진주만보다 먼저 전투에 돌입한 곳이 있었습니다. 바로 영국령 말레이, 코타바루입니다. 일본 육군은 이곳에서 상륙작전을 개시했는데, 이것은 진주만 공격보다 1시간 이상 빨리 이루어졌습니다. 게다가 일본은 미국의 경우와는 달리, 영국과는 사전에 협상조차 하지 않았습니다. 그야말로 진짜 불의의 기습이었던 것입니다. 어쨌든 일본은 전쟁 시작 3일 만에 미국·영국 측의 전함 10척을 격침하는 커다란 전과를 올렸습니다.

이렇게 태평양전쟁이 시작되었습니다. 서전에서 일본군의 진격은 눈이 부실 정도로 대단했습니다. 동남아시아에서는 1942년 1월에 필리핀의 수도 마닐라를 점령하고 같은 해 2월에는 싱가포르를 공격해 영국군을 항복시켰습니다. 네덜란드령 동인도의 경우 수마트라, 보르네오, 티모르를 점령한 다음, 1942년 3월에는 자바섬의 바타비아(현재의 자카르타)를 함락시켰습니다. 이후 일본군은 이들 점령지에서 군정을 실시했습니다.

한편, 서태평양에서는 전쟁 시작 직후인 1941년 12월 10일에 미국령 괌을 점령한 다음, 남하해서 1942년 1월 비스마르크제도, 뉴브리튼의 라바울에 상륙했습니다. 그리고 같은 해 3월에는 뉴기니섬 일부를 점령했습니다. 무려 바다로 5,000km 떨어진 곳까지 진격한 셈입니다. 기습작전 덕분이기도 합니다.

하지만 서전의 승리를 과대평가한 일본 정부와 대본영大本營[3]은 1942년 3월 다음과 같이 예측했습니다. "미국과 영국은 우선 유럽 전선에서 독일·이탈리아를 격파하는 데 온 힘을 쏟아야 할 것이다. 그러므로 일본에 대항해 반격을 개시하는 시기는 '대략 1943년 이후'가 될 것이다." 연합함대 사

---

3   전시에 설치하는 천황 직속의 전쟁 지휘 본부. 근대 일본은 대규모 전쟁 시에 어김없이 천황 직속으로 대본영을 설치해 전쟁을 지휘했다. 군인들로 이루어진 지휘부이기 때문에, 군인이 아닌 정부 인사들은 참석하지 못했다. 물론 군인이 아닌 정부 인사가 참석했던 예외 사례도 있긴 하지만, 그것은 정말로 예외적인 사례에 불과하다.

령장관[4] 야마모토 이소로쿠山本五十六, 1884~1943가 예상했던 것처럼 일본 정부와 대본영은 1년 반 정도의 시간을 벌 수 있을 것으로 생각했습니다. 그러나 이것은 무척이나 안일한 판단이었습니다. 머지않아 미드웨이 해전과 과달카날 전투가 시작되었기 때문입니다.

미드웨이 해전은 북태평양의 환초 미드웨이섬을 둘러싸고 미국과 일본의 기동부대가 벌인 전투입니다1942.6. 이 전투에서 일본 해군은 주력인 항모 4척이 침몰하고, 3,000명이 넘는 전사자를 내며 대패했습니다(미군은 항모 1척이 침몰하고 350여 명의 전사자를 냈음). 미드웨이 해전 후 일본의 연합함대는 서전에서 행했던 적극적인 공세를 더이상 지속할 수 없게 됩니다. 반면, 미드웨이 해전에서 승리한 미군은 자신을 얻어 본격적인 반격에 나서게 됩니다.

미군이 개시한 최초의 대규모 반격은 솔로몬제도의 과달카날을 향했습니다. 이 섬은 1942년 6월부터 일본군 2,500여 명이 점령하고 있었습니다. 그런데 8월, 예상보다 무려 1년이나 일찍 미군 2만 명이 기동부대의 호위를 받으며 과달카날을 공격해 들어왔습니다. 일본 측에서 보면, 과달카날은

---

4   연합함대(聯合艦隊)는 일본 해군의 통합 전력이며, 사령장관(司令長官)은
     연합함대를 지휘하는 사령관을 가리킨다.

뉴브리튼섬(라바울에는 해군항공대 기지가 있었음), 트루크제도(연합함대 거점이었음)의 배후에 위치하기 때문에 전략적으로 중요했습니다. 그래서 양측은 과달카날을 둘러싸고 바다와 육지에서 치열한 전투를 벌였습니다. 몇 차례의 해전에서 일본군은 제공권과 제해권을 미군에 빼앗겼습니다. 이에 일본 육군은 병력을 순차 투입해서 미군을 공격했지만, 공격은 모두 실패로 끝났습니다. 그리고 1942년 12월에는 빼앗긴 과달카날의 탈환을 포기하고, 다음 해 2월에는 병력을 철수하기에 이릅니다.

과달카날 전투는 일본군이 공세에서 수세로 전환하게 된 전환점입니다. 그리고 이후 태평양에서 벌어진 전투의 전형적인 패턴을 보인 전투이기도 합니다. 그 패턴은 대략 이런 것입니다. 태평양의 외로운 섬에 소수의 일본군 수비대가 있습니다. 이에 대해 미군은 압도적인 병력과 물자를 가지고 그 외로운 섬을 공격합니다. 순식간에 미군은 제공권과 제해권을 장악합니다. 이에 대해 지원군도, 보급도 받지 못한 일본군은 굶주림에 시달리며 전투에 소모되고 급기야는 무모한 돌격을 감행하고 전멸해 갑니다. 이런 패턴이 과달카날 전투 이후 태평양에서 몇 번이고 반복됩니다. 태평양에서 벌어진 전투의 본질은 도서島嶼, 여러 개의 섬 작전입니다. 이때 중요한 것이 해군항공기지의 사용법입니다. 전쟁에서 항공기의 시대가 도래한 상황에서 일본은 진주만 공격을 성공시켜 항공기의 위력을 세계에 과시하기도 했습니다. 하지만 일본 해군은 스스로 항공기의 위력을 증명했음에도 불구하고 함대결전사상[5]에서 벗어나지 못했습니다. 그래서 함대의 보급 기지로서 기지를 사용한다는 생각이 강했고, 도서를 항공기의 거점으로 사용한다는 생각까지는 하지 못했습니다.

3. 절대국방권의 설정

그리하여 1943년의 여름 무렵에는 태평양 각지에서 전황의 악화가 진행되었습니다. 대본영과 정부도 그 점을 인식하고 있었습니다. 하지만 이를 솔직히 국민에게 알리지는 못했습니다. 1943년 2월에 있었던 과달카날에서의 철수를 예로 들어보겠습니다. 대본영에서는 6개월에 걸친 소모전 끝에 2만 명이 넘는 전사자(그중 약 1만 5,000명은 아사했다고 합니다)를

---

[5]   함대결전은 크고 거대한 주력함으로 이루어진 함대가 서로 결전을 벌여 승부를 겨루는 것이고, 그에 입각한 전술적 사고를 함대결전사상이라고 한다. 제2차 세계대전에서는 항공기, 잠수함의 발달로 함대결전과 함대결전사상이 사실상 무용지물이 되었다.

내면서, 겨우 퇴각했던 일을 '전진轉進'이라고 말했습니다. 이 말은 본래 '진로를 바꾸어 나아감'이라는 뜻입니다. 여러분은 '전진'이라는 표현에서 철수 혹은 퇴각의 이미지가 떠오릅니까? 그뿐만이 아닙니다. 대본영은 알류샨 열도의 애투 섬에서 일본군 수비대 2,500명이 전멸한 것을 '옥쇄玉碎'라고 표현했습니다. 옥쇄는 옥이 부서지는 것처럼 아름답고 깨끗이 죽는다는 의미의 숙어입니다. 이 투명한 단어를 통해 전원 전사라는 비참한 이미지를 순화시키려고 했던 것입니다. 어떤 의미에서 상투적인 방식이기도 합니다.

한편, 1943년에는 유럽 전선에서도 커다란 변화가 일어났습니다. 1941년부터 독일군은 대대적으로 소련을 침공하고 있었습니다. 그런데 1942년 대규모의 독일군이 스탈린그라드(현재의 볼고그라드)에서 소련군에 의해 포위되었고, 이듬해 1월에 10만 명의 장병이 소련군에 항복했습니다. 그 결과 동방을 정복하려던 히틀러의 야망이 좌절되었습니다. 또 1943년 9월에는 이탈리아가 연합군에 항복해서 독일, 이탈리아, 일본이라는 추축국의 대오가 크게 흐트러졌습니다. 이와 같이 태평양 전선, 유럽 전선 두 곳 다 전황이 악화되자 대본영은 위기감을 느꼈습니다. 그래서 전략을 바꾸어 1943년 9월 30일의 어전회의에서 '앞으로 취해야 할 전쟁지도의 대강'을 결정했습니다. 그 핵심이 바로 '절대국방권'의 설정입니다.

절대국방권은 전쟁을 수행하기 위해 태평양, 인도양 방면에서 '절대적으로 확보해야 할 중요 지역'을 '쿠릴, 오가사와라, 중부·서부의 남양군도, 서부 뉴기니, 순다현재의 인도네시아, 버마를 포함한 권역'으로 설정한 것입니다.(《지도 2》 참조)

지도를 살펴보면, 과달카날을 포함한 솔로몬제도, 라바울 항공기지가 있는 뉴브리튼 등은 절대국방권에 포함되어 있지 않습니다. 절대국방권을 설정한 목적은 전선을 축소하고, 그 대신 권역 내의 방비를 강화하는 것이었습니다. 한편, 일본의 육군과 해군은 서로 크게 다른 전략 사상을 갖고 있었습니다. 그래서 절대국방권을 설정하는 와중에서 둘은 격렬하게 대립했습니다. 육군은 교전 중인 중국과 대륙 깊숙이 위치한 가상의 적 소련을 중시하며, 대륙에서의 장기전·지구전을 중심으로 전쟁을 수행하려고 했습니다. 그래서 태평양을 향해 진출하는 것에 소극적이었습니다. 실제로 육군은 과달카날 전투 이후, 필리핀으로 물러나 방비를 강화해야 한다고 주장하기까지 했습니다. 이에 대해 해군은 미국을 가상의 적으로 삼으며 함대와 조직을 유지하고 있었습니다. 그래서 미 함대와의 결전을 전제로, 미국과 호주의 연합을 차단하기 위해 노력했습니다. 또 그러기 위해 서태평양에서 뉴기

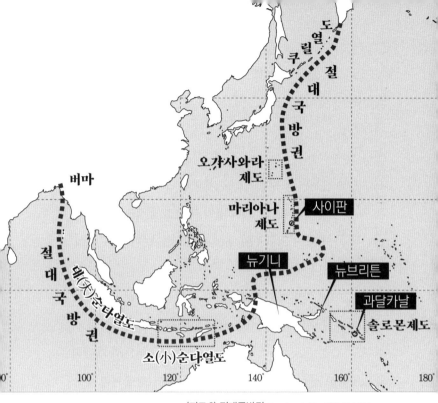

〈지도 2〉절대국방권 Constructed by NISHIDA Setsuo

니, 호주에 이르는 태평양의 섬들을 확보하려고 했습니다.

　그 결과 방어 구역을 되도록 대륙으로 설정하려는 육군
과 되도록 태평양의 저편까지 넓히려는 해군 사이에 알력
이 생겨났습니다. 그러다가 양자의 타협으로 결정된 것이
절대국방권입니다. 이름은 '절대'국방권이지만, 오히려 불
확실성이 드러난 것 같은 느낌이 듭니다.

그렇다면, 절대국방권의 외곽, 즉 강력한 방어에서 제외된 섬들은 어찌 되었을까요? 비정하게 말하면, 시간을 벌기 위해 '버리는 패'가 되었습니다. 완전히 버림받은 셈입니다. 실제로 절대국방권이 설정된 뒤 2개월도 안 되는 1943년 11월, 서태평양 전선의 동쪽 끝 길버트제도의 마킨, 타라와 환초에서 일본 해군 수비대 약 5,400명이 미군의 공격으로 전멸했습니다. 수비대는 고립무원 속에서 전투를 벌이다가 '옥쇄'했던 것입니다.

　자, 그리고 이번에는 절대국방권 지도를 보면서 마리아나제도가 절대국방권 안에 포함되어 있다는 것을 확인하여 주십시오. 사실 그곳은 미국과 일본 둘 다 전략적으로 대단히 중요하다고 생각했던 지점입니다. 미군의 입장에서는 반드시 공략해야 했고, 일본군의 입장에서는 끝까지 사수해야 하는 곳이었습니다. 따라서 마리아나제도를 둘러싼 미군과 일본군의 전투는 피할 수가 없었습니다. 과연, 미군은 과달카날, 뉴기니, 트루크제도를 거쳐 점점 북상해왔고, 1944년 6월에는 마침내 마리아나제도를 압박해 들어왔습니다.

4. 사이판 전투

당시 마리아나제도가 일본의 영토였다고 하면, 다들 의아해 하실지도 모르겠습니다. 일단 이 점부터 말씀드리겠습니다.

먼저 괌을 봅시다. 괌은 16세기의 대항해시대 이후 스페인이 점령했습니다. 그러다가 1898년의 미국·스페인전쟁으로 필리핀과 함께 미국에 양도되었습니다. 그리고 오늘날까지 미국령입니다.

한편 마리아나제도의 나머지 섬 14곳은 1899년 스페인이 독일에 매각해서 독일령이 되었습니다. 하지만 독일은 제1차 세계대전의 패전국이 되었습니다. 그래서 제1차 세계대전 이후 출범한 국제연맹은 독일령 아프리카, 태평양의 식민지 통치를 승전국에 위임합니다. 그때 일본은 '적도 이북의 태평양에 있는 구 독일령제도'의 통치를 위임받습니다. 그 결과, 괌을 제외한 마리아나제도, 캐롤라인제도, 마셜제도, 팔라우제도 등이 일본의 위임통치령이 되었습니다. 그리고 국제연맹의 위임통치 방식으로는 'C식'으로 결정되었습니다. 'C식'은 해당 지역이 위임받은 국가의 영토가 되는 방식이었습니다. 그러므로 사실상 일본의 영토가 된 셈입니다.

일본은 위임받은 섬들을 하나로 묶어 '남양군도'라 부르고

1922년에는 행정기관으로 남양청을 설치하며 통치를 시작했습니다. 그중에서도 마리아나군도[6]는 일본의 통치가 시작된 후 설탕 산업이 발달하고 오키나와로부터의 이민도 들어와서 남양군도의 중심지가 되었습니다. 그뿐만이 아닙니다. 남양군도의 저 멀리 북쪽으로는 이오섬, 오가사와라제도, 이즈제도가 거의 일직선으로 늘어서 있고 더 북쪽으로 가면 도쿄가 있어서 전략적으로 중요한 위치였습니다. 특히 마리아나제도의 중심지인 사이판은 설탕 산업의 거점인 동시에 군사거점이기도 했습니다.

1944년 봄, 일본은 사이판을 지키는 수비대를 대폭 보강했습니다. 이때 육군과 해군은 통합군을 만들었습니다. 그래서 해군은 중부 태평양 방면의 함대 사령부를 사이판에 설치하고 그 밑으로 육군 제31군 제43사단을 편입시켰습니다. 그렇게 통합된 4만 4,000명의 대병력으로 상륙해오는 적을 해변에서 격멸시킨다는 것이 당시 대본영의 작전이었습니다. 당시의 지휘부는 마리아나제도를 지켜낼 자신이 있었던 것 같습니다. 『대본영기밀전쟁일지』에 의하면, 전투 직전 참모본부의 작전 담당 과장이 "이렇게 견고한 정면을 향해 저

---

6   괌을 제외한 마리아나제도를 가리키는 당시의 명칭

돌적으로 공격해온다면, 그것은 적의 과실이 될 것이며 반드시 지켜낼 수 있다"라고 단언했다고 합니다.

한편, 연합함대도 1944년 3월 항모 9척으로 구성된 유례없는 대함대를 조직했습니다. 이 함대로 미국의 기동부대와 결전을 벌여 심대한 타격을 가해 미군의 반격을 좌절시키고, 나아가 불리한 전세를 뒤집겠다는 것이었습니다. 쇼와 천황昭和天皇, 1901~1989[7]도 이 작전의 성공을 기대했습니다. 그래서 6월 17일 "일본해 해전[8]처럼 훌륭한 전과를 올리도록 작전부대의 분발을 희망한다"『戰史叢書 大本營海軍部·聯合艦隊（六）』라고 시마다 시게타로嶋田繁太郎, 1883~1976 군령부총장[9]을 격려했습니다.

1944년 6월 미군 기동부대에서 발진한 함재기가 사이판, 티니안, 괌을 공격하고 미군 함정이 함포 사격을 감행함으로써 전투가 시작되었습니다. 6월 15일의 이른 아침 미군은 사

7　재위 기간은 1926년부터 1989년까지로, 만주사변부터 중일전쟁과 태평양전쟁, 그리고 전후 경제성장기에 이르는 긴 기간 동안 천황의 자리에 있었다. 히로히토(裕仁) 천황이라고도 한다.

8　1905년에 벌어졌던 동해해전을 말한다. 1905년 5월 러일전쟁의 막바지에 러시아의 발틱함대와 일본의 연합함대는 쓰시마섬 근처에서 해전에 돌입했다. 이 해전에서 일본의 연합함대는 러시아의 발틱함대를 격파하며 큰 승리를 거두었다. 러일전쟁의 가장 중요한 전투 중 하나이다.

9　군령부총장은 해군 총사령관의 직책. 현재 한국의 해군참모총장에 해당한다.

이판섬의 남서 해안에 접근했습니다. 사이판 상륙작전이 시작된 것입니다. 그런데 일본군이 예상하던 '저돌적인 공격'은 없었습니다. 일본군은 상륙하는 적을 격퇴하기 위해 해안가에 방어진지를 구축했지만, 이것은 함포 사격으로 완전히 파괴되었습니다. 또 미군 상륙부대는 압도적인 화력 지원을 받고 있었습니다. 그래서 백병전을 위해 가까이 접근하는 것도 불가능했습니다. 결국, 해안가의 방어진은 모두 돌파당하고, 일본군 수비대는 후퇴를 거듭해야만 했습니다. 상륙전이 계속되던 6월 19일과 20일에 사이판섬 서쪽에서는 마리아나 해전이 벌어졌습니다. 투입된 전력은 일본 측이 73척의 함정(항모 9척 포함)과 함재기 450대, 이에 대해 미국 측이 93척의 함정(항모 15척 포함)과 함재기 890대였습니다. 태평양전쟁 중 벌어졌던 양국 함대의 최대 결전이었습니다.

하지만 전투 자체는 일방적이었습니다. 6월 19일 일본의 함재기가 공격을 감행했지만, 미군은 레이더를 이용해 적기를 탐지한 다음 매복하고 있었습니다. 그리고 고성능 대공포로 상당수의 일본 측 함재기를 떨어뜨렸습니다. 그리고 미군은 6월 20일 200대 이상의 항공기를 동원해 일본 측에 심대한 타격을 주었습니다. 마리아나 해전에서 양측의 피해는 일본 측이 항모 3척 침몰, 항모 4척 손상, 함재기 400대 상실,

미국 측은 항모 2척 손상, 함재기 117대 상실이었습니다. 일본 측이 완패한 셈입니다. 게다가 이제 일본에는 대형 항모가 한 척도 남아 있지 않게 되었습니다. 그렇게 일본의 기동부대는 괴멸되었습니다.

대본영도 마리아나 해전의 패배를 접했습니다. 대본영은 미 상륙부대가 일본 측 방어진을 돌파하자 사이판을 향한 증원 계획(탈환 작전)을 중지시켰습니다. 이로써 사이판 수비대의 운명이 결정되었습니다. 제공권과 제해권을 잃어버리고, 지원군도 오지 않은 상태에서 4만 4,000명의 대부대는 미군의 화력과 물량 앞에서 점차 소모되어갔습니다.

이후 일본군 사이판 수비대는 미군의 공격을 받으며 북쪽으로, 북쪽으로 3주일 동안 쫓겨 다녔습니다. 그리고 마침내 한계에 도달한 7월 6일, 섬 북단에 위치한 산속 동굴에서 사령장관, 사단장 등 4명의 지휘관이 자결했습니다. 그런데 그들은 자결에 앞서 다음날 오전에 총공격을 명했습니다. 그리고 남은 병사들은 그 명령에 따라 7월 7일 오전 3시를 기해 이른바 '반자이 돌격'을 감행했습니다.[10] 그리고 곧 전멸했는데, 그 숫자가 대략 3,000명이었습니다. 총공격을 앞둔 자결, 자결 후의 옥쇄가 이루어졌던 것입니다. 자결과 옥쇄라는 방식을 보고 참을 수 없다는 생각이 드는 것은 저 혼자만의 감정일까요?

군인 이외에도 포로가 되기를 두려워하거나 떳떳하지 못하게 여기는 민간인도 상당수 자결했습니다. 심지어 풀숲을 헤치고 해안가의 절벽까지 도망갔던 일본인 여성들이 절벽으로 몸을 던지는 장면을 미국 측이 촬영한 영상이 남아 있습니다. 이쪽을 쳐다보는가 싶더니 갑자기 절벽으로 몸을 던지는 장면이 뇌리에 강하게 남습니다. "살아서 포로가 되는 치욕을 당하지 않는다"전진훈[11]는 명령이 민간인에게도 적용된 셈입니다. 사이판 전투에서 일본인 사망자는 군인 약 4만 4,000명, 민간인 약 1만 2,000명이었습니다.

1944년 7월 9일 미군은 사이판의 점령을 선언했고 일본은 사이판을 상실했습니다. 그리고 8월에는 최대 크기의 섬 괌과 사이판의 뒤를 이어 3번째로 큰 섬인 티니안의 수비대도 전멸했습니다. 그렇게 일본은 마리아나제도를 잃었던 것입니다.

---

10 '반자이 돌격'은 만세 돌격을 의미함. 만세를 부르며 무모하게 돌격했다고 해서 '반자이 돌격'이라고 불린다.

11 전진훈(戰陣訓)은 1941년 일본 육군이 장병에게 하달한 일종의 훈계이다. 군인의 정신 자세를 규정한 것으로, "살아서 포로가 되는 치욕을 당하지 않는다"라는 대목이 특히 유명하다. 이것은 제2차 세계대전 당시 일본군의 자살을 유도하는 역할을 했다.

5. 사이판 함락이 의미하는 것

사이판 함락은 어떤 의미로 태평양전쟁의 결정적인 터닝 포인트였을까요? 이 물음에 대한 대답은 '절대국방권의 붕괴'라고 요약할 수 있습니다. 물론 '절대적으로 확보해야 할 중요 지역'이 뚫렸기 때문만은 아니었습니다. 가령 똑같이 절대국방권 내에 있는 트루크제도의 경우, 1944년 2월에 이미 미군의 공습을 받아 기지의 기능을 상실하고 미군의 북상을 허용했습니다. 연합함대는 피신해서 공습을 피했지만, '절대적으로 확보해야 할 중요 지역'은 뚫린 셈입니다. 하지만 일본 정부와 대본영이 트루크제도의 함락을 문제 삼았던 흔적은 없습니다.

따라서 문제의 핵심은, 어떤 지점을 잃었을 때 전략적, 정치적, 사회적으로 얼마나 일본이 곤란해지느냐였습니다. 그런 의미에서 사이판의 함락, 넓게는 마리아나제도의 함락은 전략적, 정치적, 사회적으로 일본을 대단히 힘들게 하는, 무시무시한 의미가 있었습니다. 그것은 마리아나제도의 상실로 '본토 공습'이 시작되었기 때문입니다. 1944년 5월, 그러니까 사이판 전투 직전에 미국은 'B29'라는 폭격기를 운용하기 시작했습니다. B29기는 넓이 43m, 전체 길이 30m의 크

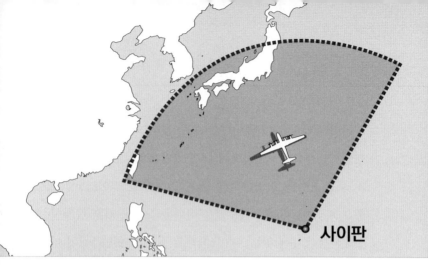

〈지도 3〉 B29기의 폭격 가능 범위 Constructed by NISHIDA Setsuo

기를 자랑하는 대형 폭격기로서 1만m 고도를 순항하고 최대 9톤의 폭탄을 투하할 수 있는 당시 최신예 폭격기였습니다. 게다가 항속 거리도 대단히 길어서 폭탄을 탑재한 채 약 5,300km를 자랑했습니다.

자, 또 하나의 숫자를 봅시다. 마리아나제도에서 일본 본토까지의 거리는 얼마나 될까요? 약 2,400km였습니다. 5,300km와 2,400km. 이 두 개의 숫자를 보면 무언가 느껴지시지 않나요? 네, 그렇습니다. B29기는 마리아나제도를 출발해서 일본 본토를 공습하고 돌아올 수 있었습니다. 항속 거리에 약간의 여유가 있었던 셈이지요. 가령 똑같이 절대국방권 내에 있다고 하더라도 트루크제도는 더 남쪽에 있었기 때문에 항속 거리가 부족했습니다. 더욱이 그곳에는 폭격기

〈사진1〉 대형 폭격기 B29

제2차 세계대전 당시 최대의 폭격기로 길이 약 30m, 너비 약 43m를 자랑한다. 미국은 이 폭격기를 대량 생산한 다음, 일본 본토에 무차별폭격을 단행했고, 그 결과 일본은 주요 도시가 불바다 되는 등 엄청난 피해를 입었다. 미국의 압도적인 군사력, 공업력을 상징하는 항공기이다. Constructed by NISHIDA Setsuo

발진이 가능한 대형 공항을 건설할 수 있는 적당한 섬이 없었습니다. 그래서 일본 측은 트루크제도가 돌파당한 것을 그렇게 안타까워하지 않았고, 미군도 그곳을 한 번 공격하고는 바로 지나갔습니다. 그처럼 마리아나제도와 트루크제도의 전략적 가치는 하늘과 땅 차이였습니다.

사이판, 넓게는 마리아나제도는 그렇게 '절묘한' 위치에 있었던 것입니다. 전략적으로 가장 중요한 지점의 하나였다고 해도 틀린 말이 아닙니다. 미군은 B29기를 이용해서 일본 본토를 공습하려고 했고, 이를 당면한 최대의 전략적 목표로 간주했습니다. 그러므로 최강의 기동부대와 7만에 가까운 병력을 투입해서 사이판은 물론 마리아나제도 전체를 공략했던 것입니다(물론 괌의 경우는 공략보다는 탈환했다고 보는 편이 맞습니다). 그리고 이제 사이판, 티니안, 괌에서는 항공기 기지의 건설·정비가 시작되었습니다.

한편, 일본 측도 B29기에 관해서, 그리고 사이판과 마리아나제도의 전략적 중요성에 관해서도 잘 알고 있었습니다. 그래서 4만이 넘는 병력을 사이판에 보냈고, 수비가 성공할 것이라고 믿었던 것입니다. 앞에서 언급했듯이 일본 측은 "이렇게 견고한 정면을 향해 저돌적으로 공격해온다면, 그것은 적의 과실이 될 것이다"라고 큰소리를 치면서 사이판의 견고한 수비벽을 믿었습니다.

그래서 믿었던 만큼 함락의 충격도 컸습니다. 사실 정부와 군부도 정보를 접하면서, 일본 본토의 주요 도시 그리고 '천황'의 도시 도쿄를 향한 공습이 시간 문제라는 것을 알았습니다. 사이판이 함락된 지 불과 9일 후1944년 7월 18일에 도조 히데키가 수상에서 사퇴했던 것만 보아도 당시 지도층이 느꼈던 충격을 알 수 있습니다. 조금 자세히 살펴봅시다. 사이판 함락 이전부터 도조 히데키 수상은 강경한 전쟁 수행론정치 노선, 편협한 정신주의(인격)를 강하게 드러내고 있었습니다. 그러한 도조의 모습에 많은 지도층 인사들은 위기감과 혐오감을 나타냈습니다. 그래서 사이판이 함락되자 도조의 반대파 겸 연합국에 대한 화평을 주장하는 중신, 군인, 관료, 정치가들이 도조 수상에 반대해 공작을 펼쳤고, 이것이 직접적인 원인이 되어 도조 수상이 사퇴하게 되었던 것입니다. 물론 여기에는 도조 히데키 본인의 책임도 있었습니다. 사이판이 함락될 당시 그는 수상 겸 육상陸相[12] 그리고 육군 총사령관인 참모총장이었습니다. 그러므로 정치 지도자로서, 작전의 책임자로서 그에게 중대한 책임이 있었다는 것은 명백합니다.

〈사진 2〉 도조 히데키 수상

도조는 육군대신을 거쳐 태평양전쟁 직전에 수상이 되었다. 수상이 된 후에도 육군대신을 겸하는 것은 물론, 참모총장까지 겸하면서 전쟁을 이끌었다. 하지만 그 과정에서 강압적으로 권력을 행사했기에 반발을 사기도 했다. 태평양전쟁 당시 일본의 강경론을 상징했던 인물이다.

사진 : 위키피디아

---

12   육군대신을 가리킨다. 현대의 육군부 장관이라고 할 수 있다. 오늘날에는 국방부 장관으로 통일되어 있지만, 제2차 세계대전 이전에는 육군부 장관과 해군부 장관이 따로 있는 경우가 많았다. 참고로 영국의 정치가 윈스턴 처칠은 해군부 장관을 역임했다.

〈사진 3〉 1943년 11월 6일에 열린 대동아회의

일본 국회의사당 앞에서 기념촬영을 하는 각국 대표들. 맨 앞의 줄 왼쪽부터 바 마우(버마), 장징후이(만주), 왕자오밍(중화), 도조 히데키(일본), 완 와이(태국), 라우렐(필리핀), 보스(인도)

Constructed by NISHIDA Setsuo

자, 그럼 여기서 사이판 함락이 초래한 중대한 영향을 정리해봅시다. 앞에서 다루었듯이, 사이판 함락을 결정지은 것은 '마리아나 해전'에서의 패배였습니다. 이 해전으로 일본 해군의 기동부대는 사실상 괴멸하고 미군이 해당 구역의 제공권과 제해권을 장악했습니다. 그렇게 사이판의 운명이 결정되었습니다.

태평양전쟁은 기동부대야말로 해군의 결정적인 전력이라는 것을 확인시켜준 전쟁입니다. 그런데 일본은 그 결정적인 전력을 마리아나 해전에서 상실했습니다. 따라서 일본 해군은 이후 합리적인 작전을 입안할 수 없게 되었습니다. 그 결과 이전에는 상상할 수 없었던 '부실한 작전'을 채택하기에 이룹니다. 그 대표적인 것이 바로 '특공'입니다. '특공'은 폭탄을 실은 항공기, 보트, 어뢰 등을 승조원이 조종해서 적함에 부딪히는, 처음부터 살아 돌아오는 것을 포기하는 공격 작전입니다. 어떠한 의미로도 정당화될 수 없는 비인간적인 작전인 셈입니다. 하지만 이 작전은 마리아나 해전을 계기로 강행되었고, 그런 의미에서도 마리아나 해전과 사이판 함락의 의미는 크다고 할 수 있습니다.

6. 빨리 일본이 패해서 전쟁이 끝나면 좋다

그렇다면, 전쟁의 추이, 전쟁의 방식 등을 당시의 서민들은 어떻게 알았을까요? 당시 조선소에서 일하는 한 청년 노동자가 했던 말이 있습니다.

이 전쟁이 이기든 지든 그날 일해서 그날 생활하는 우리 같은 노동자랑 하루 벌어 하루 사는 소상인들에게는 아무 영향이 없으니깐, 빨리 일본이 패해서 전쟁이 끝나면 좋다. 어차피 곤란한 사람들은 부자랑 윗사람들이고, 우리는 어떻게 되든 별로 변하는 게 없다.

제2차 세계대전 이전과 전쟁 시기, 일본에는 주로 사상범을 단속하는 특별고등경찰특고이 있었습니다. 이들은 내무성 경보국의 지휘하에 좌익사상, 사회의 퇴폐한 풍조, 불만에 대해 감시의 눈초리를 번뜩였습니다. 그래서 낙서, 메모, 사람들의 대화 등을 기록한 다음, 내부적으로 비밀로 되어있는 월간지『특고월보』에 실었습니다. 이를 민심 동향을 파악하는 재료로 이용했던 것이지요. 위의 발언도 그렇게 기록되어 『특고월보』1943년 3월호에 실렸던 대화입니다.

위의 발언은 무력감, 권태감이 포함되어 있기도 하지만, 사회 상층부에 대한 불신감과 전쟁에 대한 염증을 토로한 것이기도 합니다. 넓은 의미에서는 전쟁에 대한 반대라고 할 수도 있습니다. 물론 그러니까 염전 사상, 반전 사상에 민감한 특고가 기록에 남았겠지요. 주목할만한 것은 발언이 기록된 날짜입니다. 1943년 3월이라면, 과달카날에서 밀렸다고는 하나, 아직 전황이 크게 나빠지기 전입니다. 그리고 대본영은 여전히 승리만을 발표했던 시기입니다. 그런데 그때 이미 전쟁을 상대화하고 '패전'까지 언급한 젊은이가 있었던 것입니다. 결국, 위의 발언은 한 시대의 증언으로서 기록할 만한 가치가 있는 것입니다.

한편, 정보가 은폐되고 발표가 획일화되고 있는 와중에서도, 아니 획일화되고 있었기 때문에 일부 서민들은 사실이 은폐되고 있다는 것을 알아챘습니다. 그래서 정부, 군부, 언론 보도 심지어 전쟁 그 자체에 대해 '의심'하기 시작했습니다.

그리고 그 '의심'은 1944년부터 현실로 나타나기 시작했습니다. 이때부터는 전황이 손을 쓸 수 없을 정도로 악화되어 정부와 대본영도 언제까지나 사실을 숨길 수 없게 되었습니다. 그 때문에 2월에는 대본영 발표도 "옥쇄"라는 표현 대신 "전원 장렬히 전사했다"라는 식으로 바뀌었습니다. 그리고 7월의 사이판 전투에 대해서는, "(사이판)섬에 있는 우리 부대는 (…중략…) 전력을 다해 최후의 공격을 감행 (…중략…) 전원 장렬히 전사한 것으로 보인다", "재류 일본인은 (…중략…) 싸울 수 있는 자는 감연히 전투에 참가해서, 대체로 장병들과 운명을 함께 한 것으로 보인다"라고 발표했습니다. 이와 같은 발표는 분명히 예전의 것과 다릅니다. 확연히 다른 정부와 대본영의 발표를 듣노라면 누구라도 전황이 좋지 않다고 예상할 수 있습니다. 나아가 이제까지의 발표에 대해서도 의심을 할 수밖에 없습니다. 전사자에 대한 비통한 마음이 무력감으로, 무력감이 정부와 군에 대한 불신으로 바뀌는 것은 자연스러운 마음의 변화입니다.

7. 뒤늦은 협상

사이판 전투 이후 전황은 절대국방권의 붕괴와 본토 공습으로 흘러갑니다. 따라서 일본은 패배가 확실해진 1944년 7월(사이판 함락) 시점에서 전쟁을 끝냈어야 했습니다. 그러나 실제로 전쟁은 1945년까지 계속됩니다. 왜 전쟁을 끝내지 못했을까요?

실은 화의에 대한 움직임이 없었던 것은 아닙니다. 가령 도조 수상이 퇴진했다고 앞에서 설명했는데, 이때 '화평파'가 있었습니다. 이들은 도조의 반대파이면서 조기 강화를 추구했던 인사들입니다. 전 수상 고노에 후미마로近衛文麿, 1891~1945,[13] 미국과의 전쟁 이후 줄곧 조기 강화를 주장하던 외교 관료 요시다 시게루吉田茂, 1878~1967,[14] 해군 대장이며 수상을 역임했던 오카다 게이스케岡田啓介, 1868~1952와 요나이 미쓰마사米内光政, 1880~1948가 대표적인 사람들입니다. 그들은 공작을 벌여서 도조 내각을 사퇴시켰습니다. 이후 강화에 대한 희망은 다음 내각인 고이소 구니아키小磯国昭,

내각으로 넘어갔습니다.

고이소 내각은 1944년 7월 22일에 탄생했습니다. 내각에는 "전쟁은 졌다. 확실하게 졌다"라고 공공연히 말하는 요나이 미쓰마사가 해군대신으로 있었습니다. 또 고이소 내각은 전쟁 지도방침으로서 "철저한 대외 시책으로 세계 정국의 호전을 꾀한다"라고 하면서 연합국과의 강화 가능성을 공식 문구에 넣었습니다. 고이소 내각으로 정권이 바뀌자, 늦었지만 전쟁 종결을 모색하게 된 것입니다.[15]

하지만 미국은 카이로 회담[16]의 선언에 따라 일본에 대해 무조건 항복을 요구했습니다. 구체적으로는 일본의 무장 해제, 전쟁 지도자 처벌 등을 연합국 측에 맡기라는 것이었습

---

13 당시 최고의 명문 가문 중 하나인 고노에 가문 출신이다. 세 번에 걸쳐 수상을 역임했다. 수상 재임 당시 1937년 7월에 발발한 중국과의 군사 충돌을 중일전쟁으로 발전시키는 오판을 저질렀다. 이후 중일전쟁은 태평양전쟁으로 확대되었다. 이 때문에 패전 후 고노에는 연합군에 의해 A급 전범으로 지정되었다. 전범 지정 후, 1945년 12월 스스로 목숨을 끊었다.

14 전후 일본의 재건에 참여한 대표적인 정치가이다. 제2차 세계대전 이전에는 외교관으로 활동했다. 전후에는 여러 번 수상이 되어 전후 일본의 복구와 재건에 힘썼다. 보수 정치의 기틀을 잡은 정치인으로 특히 유명하다.

15 당시 일본의 지도층이 원했던 전쟁 종결은 일본이 최소한의 식민지와 세력권을 유지한다는 것을 전제로 하는 것이었다. 따라서 중국과 한반도의 사람들은 물론, 미국의 견해와도 커다란 차이가 있었다.

16 1943년 11월, 미국 대통령 루스벨트, 영국 수상 처칠, 중화민국 국민정부 주석 장제스가 이집트 카이로에서 행한 회담.

니다. 하지만 일본 지도층은 연합국의 그러한 요구를 들어주기를 꺼렸습니다. 그래서 협상에서의 발언권을 강화하기 위해, 협상 이전에 해상 결전으로 일격을 가해야 한다고 주장하는 사람이 많았습니다. 어쨌든 강화 조건을 유리하게 하고 싶다는 것이지요. 이것이 이른바 '일격 강화론'이었습니다. 하지만 현실에서 일본이 연합국에 일격을 날릴 기회는 없었습니다. 오히려 결전을 통해 일격을 날리려다가 더 크게 패하는 형국이었습니다. 그 결과 시간은 흘렀고, 전쟁은 계속되었습니다. 이것이 1944년 7월 시점에서 전쟁을 끝낼 수 없었던 이유 중 하나입니다.

한편, 위의 주장과는 반대로 오히려 더욱 적극적으로 전쟁을 계속해야 한다는, 이른바 전쟁 지속파의 주장도 있었습니다. 가령 1944년 중국 전선에서 일본군이 가장 깊은 오지까지 진격한 시기가 있었습니다. 그때 육군 일부에서는 "태평양에서는 모르지만, 중국에서는 이길 수 있지 않은가? 그런데 전쟁을 왜 끝내려고 하는가?"라는 의견이 있었습니다. 또 공교롭게도 만주에서는 1944년 6월, 7월에 철광석, 석탄의 생산량이 최대로 늘어났습니다. 그렇게 되자 전쟁 지속파의 주장에 힘이 실렸습니다. 중국 대륙에 자원이 충분히 있으니까 아직 싸울 수 있다는 논리였습니다. 이처럼 전쟁 지속파는 무시할 수 없는 세력이었습니다. 이것도 전쟁을 끝내기 위한 노력을 늦추었습니다. 게다가 전쟁 지속파는 1945년 8월 15일, 천황이 종전의 조서를 발표하기 직전에 황거皇居[17]를 습격하려는 계획을 세우기도 했습니다.

어쨌든 당시의 일본 정부도 '화평공작(강화를 위한 시도)'[18]을 향한 노력을 하기는 했습니다. 연합군의 공격으로 사이판 함락→본토 공습→본토 결전으로 전황이 악화되는 상황에서 당시의 지도층은 '국체호지國體護持, 국체를 유지함'[19]만은 꼭 관철해야 한다고 생각했고, 이를 위해 지푸라기라도 잡는 심정이었을 것입니다.

그래서 1944년 가을에는 미국과의 중재를 소련에 요청했습니다. 오늘날의 관점에서 보면 놀라운 시도라고 할 수 있습니다. 당시 일본과 소련은 일소 중립조약1941.4을 맺은 상태였습니다. 그래서 일본은 교전하지 않은 유일한 강대국 소련에 의지했던 것입니다. 과거 러일전쟁1904~1905 당시 미국은 동해해전에서 일본 해군이 러시아 해군에 맞서 큰 승

---

17 일본어 발음으로 '고쿄'라고 한다. 천황이 거처하는 곳을 가리킨다.
18 '화평공작'은 당시의 일본 측 용어이다. 현대 일본의 역사학계도 당시의 용어를 그대로 살리기 위해 '화평공작'이란 표현을 사용한다.
19 국가 체제를 유지한다는 뜻. 여기서 말하는 국가 체제는 천황제를 의미한다.

리를 거두자 양국의 강화를 중재했습니다. 그래서 일본의 지도층 일부는 '러일전쟁 때 미국이 러시아와 일본을 중재했으니, 일본이 한번 크게 승리하면 소련이 미국과 일본을 중재해주지 않을까?'하는 생각을 갖고 있었습니다. 앞에서 말한 '일격 강화론'과 비슷한 생각입니다. 물론 이것은 미국과 영국이 소련에 주는 것보다 일본이 소련에 더 많은 것을 제공해야 한다는 것을 염두에 두어야 합니다.

이와는 별도로 다른 형태의 구상도 있었습니다. 그것은 현재 전쟁 중인 중화민국 국민정부(충칭 소재, 주석 장제스)에 미국과의 강화를 중개해달라는 것이었습니다. 하지만 장제스가 이끄는 충칭의 국민정부는 연합국의 일원이었습니다. 더구나 일본은 충칭 정부와 대립하고 있던 난징 정부(왕자오밍 정권)를 괴뢰 정부로 세우기까지 했습니다. 성사될 수 없는 구상이라는 것이 너무나도 명백합니다.

결국, 일본이 생각했던 시도는 모두 실패로 끝났습니다. 그리고 '화평공작'으로 시간을 끄는 사이에 전황은 더욱 나빠지고 있었고, 희생자도 늘고 있었습니다. 그리고 1944년 10월, 필리핀에서 벌어진 레이테 해전 무렵에는 특공 공격이 시작되었습니다. 그 외에 남겨진 태평양의 여러 섬, 대륙의 오지,

임팔[20] 등지에서는 기아로 죽는 병사가 나날이 늘어갔습니다.

8. 사이판 전투 이후의 비극

1944년 11월, 미군의 일본 본토 폭격이 시작되었습니다. 물론 폭격은 사이판, 티니안, 괌에서 발진한 B29기에 의해 이루어졌습니다.

초반에 미군은 폭격을 통해 군수공장을 파괴하려고 했습니다. 그러나 1945년 3월에 방침이 바뀝니다. 이오섬硫黄島 상륙작전2월에 호응하기 위해서였습니다. 이오섬은 도쿄에서 남쪽으로 1,250km 거리에 있습니다. 겨우 1,250km라고 할 수 있습니다. 미군이 여기까지 온다면 일본 본토 상륙은 시간문제였습니다. 이를 고려해서 미군은 폭격의 효과를 더욱 높이고자 했습니다.

그래서 미군은 새로운 폭격 방식으로 도시에 대한 무차별 융단폭격을 채택합니다. 무차별 융단폭격의 최초 목표는 도

---

20 1944년 인도 북부인 임팔에서 일본 육군은 무모한 작전을 감행해 엄청난 패배를 겪었다. 이때 일본군은 후퇴하다가 많은 희생자를 냈는데, 특히 엄청난 수의 아사자를 낸 것으로 유명하다.

쿄였습니다. 그래서 그 유명한 '3월 10일의 대공습'이 벌어집니다. 3월 9일 밤, 300대에 가까운 B29기가 약 19만 발의 소이탄燒夷彈을 떨어뜨렸습니다. 그 결과 시가지 전역이 불길에 휩싸이고 10만 명의 사람들이 불에 타죽거나 질식사, 익사로 숨졌습니다.[20] 이후에도 폭격은 오사카, 나고야, 요코하마, 가고시마 등 일본의 주요 도시를 휩쓸었고, 그때마다 B29기는 엄청난 양의 소이탄을 떨어뜨리며 도시를 공포의 도가니로 몰아넣었습니다. 그래도 전쟁은 계속되었습니다.[21]

한편, 오키나와에서는 4월과 6월에 걸쳐 지상전이 벌어졌습니다. 이는 일본 본토에서 유일하게 지상전이 벌어진 사례입니다. 이 전투에서 오키나와의 수비대 약 10만 명과 민간인 약 10만 명이 사망했습니다. 그래도 전쟁은 끝나지 않았습니다.

이후 8월 6일과 9일에는 티니안에서 출격한 B29기가 각각 히로시마와 나가사키에 원자폭탄을 투하했습니다. 이것은 최초의 핵 공격으로서, 사람들에게 말할 수 없는 비극을 안겨주었습니다. 여기에 8월 8일에는 소련이 일본에 선전포고하고 소련·만주 국경을 넘어 150만 대군으로 만주를 침공했

---

21 소이탄은 화약으로 목표를 파괴하는 것이 아니라 불로 태워 없앤다. 따라서 소이탄의 대량 투하는 도시 전체를 불바다로 만든다. 당시의 폭격에 대한 자세한 사항은 『폭격의 역사』(어문학사, 2015)를 참고할 것.

〈사진 4〉도쿄대공습이 끝난 1945년 3월 18일, 쇼와 천황이 도미오카 하치만궁이 있
는 후카가와 지역 등 피해 지역을 시찰하고 있다. Constructed by NISHIDA Setsuo

습니다. 그리고 8월 15일, 드디어 전쟁이 끝났습니다.

　도쿄 대공습으로 10만 명, 원폭으로 히로시마에서 14만
명, 원폭으로 나가사키에서 7만 명 그리고 전국에서 폭격으
로 희생된 50만 명의 민간인. 사이판 전투 이후에 이렇게나
많은 사람이 희생된 것입니다. 소련이 참전하고 일본이 패전
한 전후 시기에 만주에 있던 수많은 일본인이 희생된 것도
빼놓을 수 없습니다.

　다른 숫자도 살펴봅시다. 1937년의 중일전쟁에서 1945년
의 일본의 패전까지 군인·군속軍屬, 군무원의 사망자는 약 230
만 명입니다. 그중 약 60%인 140만 명이 넓은 의미에서 아사
했다는 연구가 있습니다. 아마도 절대국방권의 바깥에서 남

겨져 보급이 끊어진 채 섬에 고립된 수비대가 꽤 있었을 것입니다.

또 다른 숫자도 있습니다. 태평양전쟁에서 전사한 이와테岩手현 출신의 연도별 추이입니다.(〈표 1〉 참조)

전체 3만 724명 중 1944년과 1945년의 사망자가 전체의 87.6%에 달합니다. 거의 9할에 가까운 군인들이 마지막 1년 반의 기간 중 전사한 것입니다. 이것이 이와테현뿐만 아니라 전반적인 현상이고 당시에 있었던 무기의 발달과 전투형태의 변화까지 생각하면, 다음과 같이 말할 수 있습니다. "중일전쟁·태평양전쟁의 전사자 310만 명의 대부분은 사이판 전투 이후 1년 남짓한 기간 동안 사망했다"라고 말입니다.

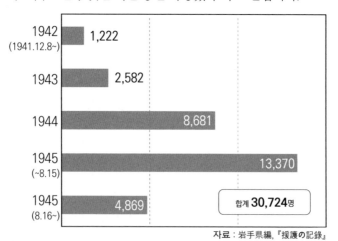

자료 : 岩手県編, 『援護の記録』
〈표 1〉 이와테현 출신 병사의 전사자 수 추이 Constructed by NISHIDA SETSUO

패전까지 약 1년의 기간 동안 그렇게 많은 사람이 죽은 것은 총력전의 비극입니다. 일본 국민은 중일전쟁부터 태평양전쟁 중 겪었던 고통 중 가장 커다란 고통을, 패전까지의 약 1년 남짓한 기간 동안 겪은 것입니다. 그 1년은 전쟁의 비극이 극도로 응축되었던 시기인 셈입니다.

그리고 그 비극은 전후에도 커다란 후유증을 남깁니다. 전쟁의 시대에 모든 일본인은 좋든 싫든 국가가 시작한 전쟁에 휘말려 들어갔습니다. 하지만 전쟁으로 인한 고통의 몫은 개개인의 것이었지, 국가의 것은 아니었습니다. 그런데 국가는 개개인의 고통을 부정했습니다. 정부가 30년을 넘게 주장하고 있는 '전쟁 피해 수인론'이 바로 그것입니다.

전쟁으로 인한 고통과 희생은 국민 모두가 함께 참고 견디는 것이라는 논리입니다. 개인을 지켜야 하는 국가가 오히려 개인이 국가를 위해 희생하는 것이 당연하다는 전제를 깔고 있습니다. 게다가 모두 함께 견디어야 한다고 하면서, 개인을 구분합니다. 군인과 군속은 연금, 유족 연금이라는 형태로 누계 50조 엔이라는 거액을 보상하면서도, 민간인 공습 피해자의 경우에는 보상을 해주지 않습니다. 최근 그러한 불공평이 너무나도 명백하게 밝혀지면서 지금도 국내외에서 보상을 요구하는 소송과 운동이 끊이지 않고 있습니다.

더욱이 아시아 각국에 대한 전쟁 책임 문제도 있었습니다. 일본인은 전쟁의 책임을 솔직하게 사죄해야 하지만, 이것이 잘 안 되고 있습니다. 그 정서적 배경에는 패전까지 약 1년 동안 체험한 비참했던 경험이 있습니다. "나도 아주 힘들었다"라고 생각하는 것입니다. 전쟁의 비극을 생각할 때 이런 생각이 남아 있을 수 있습니다. 하지만 이러한 생각은 일본이 아시아 각국에 머리를 숙이며 솔직하게 사과하는 것을 방해하는 것 같습니다.

이번 장에서는 '사이판 함락'이 태평양전쟁의 터닝 포인트였던 이유, 사이판 함락 시점에서 왜 전쟁을 끝낼 수 없었는지 그리고 그것이 전쟁 말기에 어떤 비극을 초래했는지에 대해 이야기했습니다. 그럼 이제 왜 일본은 압도적인 국력 차를 보였던 미국을 상대로 전쟁을 했는지를 살펴보겠습니다. 그러므로 다음 장에서는 미국과 일본의 전쟁에 대해 다루어 보겠습니다.

제2장

미국과 일본의 전쟁

그 결단과 기억

1941년

1939

미국, 일본에 미일통상항해조약 폐기
통고

1940

제2차 고노에 내각 성립
일본군, 프랑스령 북부 인도차이나 진주
독일 · 이탈리아 · 일본의 삼국동맹 성립

1941

소련 · 일본 중립 조약
미국과 일본 협상 시작
일본군, 프랑스령 남부 인도차이나에 진주
도조 히데키 내각 성립
태평양 전쟁 발발(미국과 일본의 전쟁)

터닝포인트 ②

1. 국력과 정신력

태평양전쟁이 한창이던 1944년 5월 4일, 도조 히데키 수상(육군대신과 참모총장도 겸했음)이 사이타마현에 있는 육군항공사관학교를 예고도 없이 시찰했습니다. 『도조 내각총리대신 기밀기록』[1]에 의하면, "사기 진작, 전력 증강을 도모"하기 위해서였다고 합니다. 정신력을 주입하기 위한 시찰인 셈입니다. 그때 도조 수상은 한 생도에게 "적기는 무엇으로 떨어뜨리는가?"라고 질문했습니다. 그러자 생도는 기관포로 떨어뜨린다고 대답했는데, 이에 수상은 "아니다. 적기는 정신력으로 떨어뜨리는 것이다"라고 정정해주었습니다.

이 일화는 도조 수상의 극단적인 정신주의를 이야기할 때 종종 등장합니다. 물론, 이 발언의 시기 또한 중요합니다. 1944년 5월이라면, 전쟁에서 일본의 패색이 짙어졌을 때입니다. 1943년 가을 이후 미군은 중부 태평양에서 길버트제도, 마샬제도의 일본군 수비대를 전멸시켰습니다. 또 서태평양에서는 뉴기니를 제압하고 트루크제도를 공략해서 북상할 태세를 갖추었으며, 이젠 사이판을 포함한 마리아나제도

1　『東條內閣総理大臣機密記録』.

를 압박하고 있었습니다. 따라서 도조의 그 발언은 태평양의 제공권과 제해권을 둘러싸고 미국과 전투를 벌이고 있지만, 손을 쓸 수가 없을 정도로 전력 차, 국력 차가 벌어졌던 시기를 배경으로 합니다. 즉, 절망적인 상황을 뒤집을 수 있는 것은 이제 정신력밖에 없다는 비장함에서 나온 말일 수 있다는 것입니다.

실제로 하와이 기습 공격 당시1941.12, 큰 피해를 입었던 미군은 급속도로 태세를 정비했습니다. 그래서 1943년에 본격적인 반격에 나섰고, 이후 과학·기술력 및 물량 면에서 일본군을 압도하며 진격을 거듭했습니다.

가령 마리아나 해전의 예를 살펴봅시다. 앞에서 언급했듯이 마리아나 해전은 전쟁의 귀추를 결정지은 사이판 공방전의 일부였습니다. 이 해전에서 일본군은 먼저 미 함대를 발견하고 자신들의 장기인 아웃 레인지outrange[2] 공격을 시도했습니다. 그러나 일본 측 함재기는 일찌감치 미군 측 고성능 레이더[3]에 포착돼, 미군 전투기의 매복에 걸렸습니다. 게

---

2   미 함재기의 항속 거리 밖에서, 항속 거리가 더 긴 일본 함재기를 발진시켜 공격하는 전술

3   일본 측 레이더의 포착 거리는 약 100km, 미국 측 레이더의 포착 거리는 약 240km

다가 겨우 미 함대에 가까이 접근한 공격기도 일본 측이 듣도 보도 못한 VT 신관[4]을 장착한 최신 대공포의 사격으로 차례로 격추되었습니다.[5] 이 전투에서 일본은 대부분의 함재기를 상실했습니다. 고도의 과학·기술력을 이용한 미군의 전술에 일본은 패배를 거듭했습니다. 물론, 고도의 과학·기술력은 훗날 원자폭탄이라는 궁극의 형태로 등장하게 됩니다.

물량에 관해서도 살펴봅시다. 다음의 숫자를 주목해 주십시오. 1942년부터 1943년까지 과달카날섬(초기 일본군 수비대 병력 2,500명)을 공격하러 온 미군은 약 2만 명이고, 1944년, 사이판섬(일본군 수비대 병력 약 4만 4,000명)을 공격하러 온 미군은 약 7만 명이었습니다. 그리고 1945년에는 이오섬(일본군 수비대 병력 약 2만 1,000명)을 목표로 800척이 넘는 함선과 약 11만 명의 상륙부대가 몰려왔습니다. 같은 해 오키나와(일본군 수비대 병력 약 10만 명) 전투에서는 전함 20척을 필두로 크고 작은 함선 1,300척의 함선과 약 18만 명의 병력이 몰려왔습니다. 참으로 대단한 물량 공세입니다.

총력전은 단순히 군사력만을 말하는 것이 아닙니다. 과

---

4   목표물이 일정한 범위 안에 들어오면 폭발하는 신관
5   미군 측에서는 이를 "마리아나의 칠면조 사냥"이라고 했다.

학·기술력, 경제력, 민간 생산도 무리 없이 이루어지는 생산력, 자원 등등을 모두 포함한 종합적인 힘, 즉 '국력'이었던 것입니다. 그 국력이라는 점에서 미국과 일본의 격차는 어느 정도였을까요? 하와이 진주만 기습 당시1941 양국의 국력을 비교한 데이터가 있습니다.(〈표 1〉 참조)

이것을 보면, 미국은 일본에 비해, 국민총생산에서 약 12배, 중화학공업과 군수산업의 기초가 되는 조강 생산에서도 약 12배, 자동차 보유 대수는 161배, 석유 자원은 약 777배의 규모를 자랑합니다.

물론 당시의 일본 정부, 군부도 이런 사실을 파악하고 있었습니다. 즉, 국력의 격차가 대단하다는 사실을 잘 인식하고 있었던 것입니다. 사실은 일본의 상층부뿐만 아니라 일본 국민 전체가 알고 있었다고 할 수 있습니다. 그럼에도 일본

국민총생산	12배
조강 생산량	12배
자동차 보유 대수	161배
석유	777배

자료 : 山田朗, 『軍備拡張の近代史』, 吉川弘文館

〈표 1〉 미국과 일본의 국력 격차 - 하와이 진주만 기습 당시(1941)
Constructed by NISHIDA Setsuo

은 미국과의 전쟁을 결정했습니다. 그렇게나 어마어마하게 차이가 나기 때문에 오늘날의 관점에서 보면 무모하다고밖에 말할 수 없습니다. 그런데 왜 일본은 전쟁을 시작했던 것일까요? 전쟁을 시작했던 배경과 시작의 논리는 무엇이었을까요? 이번 장에서는 여러 각도에서 일본이 미국과 전쟁에 이르게 되는 과정을 검증해보도록 하겠습니다.

2. 난국을 타개하기 위한 남진

일본이 미국과의 전쟁에 이르게 된 직접적, 간접적 요인에는 여러 가지가 있습니다. 하지만 그러한 요인의 근본적인 배경에는 중일전쟁, 특히 중일전쟁의 장기화가 자리 잡고 있었습니다. 이는 움직일 수 없는 사실입니다.

1937년 7월 베이징(당시에는 베이핑) 교외의 루거우차오蘆溝橋에서 일본군과 중국군(국민정부군)과의 사이에 소규모 군사 충돌이 일어났습니다.[6] 충돌은 우발적이었습니다. 설마 그

---

6 이것이 이른바 '루거우차오 사건'이다. 충돌은 우발적인 것이었지만, 현지의 일본군이 긴장 상황을 조성하고 이후 일본 정부와 군부가 중국군에 대해 강경 대응을 한 것은 사실이다. 이와 같은 일본 측의 태도는 중국 측의 거센 저항을 불러일으켰고, 소규모 군사 충돌이 중국과 일본의 전면 전쟁으로 확대

충돌이 전쟁으로 발전하리라고 생각한 사람은 없었을 것입니다. 실제로 사건 초기 제1차 고노에 후미마로 내각은 사건의 불확대 방침을 정하고, 사건은 현지에서 해결하도록 했습니다. 그 정도로 사건이 진정될 것으로 생각했던 것입니다.

하지만 양국군의 전투는 상하이上海까지 확대됩니다.[7] 이제 중국과 일본은 전면적인 전투에 들어갔습니다. 게다가 "1개월 정도면 정리할 수 있다"(스기야마 겐 육군대신)[8]라는 전망이 무색하게도 전선은 화베이華北에서 화중華中으로 나중에는 중국 내륙부로 확대되었습니다. 장제스가 이끄는 국민정부는 공산당과 함께 항일민족통일전선을 구성하는 한편, 소련으로부터는 군사 원조, 미국·영국으로부터는 물자 원조를 받으며 버티었습니다. 그렇게 거국일치 체제를 정비하고, 예전부터 협력 관계를 가져왔던 독일 군사고문단의 지원도 받았습니다. 이처럼 다방면의 지원을 받으며 장제스의 군대는 상하이에서 철저 항전을 내세우며 버티었습니다. 중국은

되는 데 결정적인 역할을 했다. 이것이 1937년에 시작된 중일전쟁이다.

[7] 이것이 이른바 '제2차 상하이사변'이다. 일본군의 적극적인 공세로 이루어졌다.

[8] 스기야마 겐(杉山元, 1880~1945). 중일전쟁과 태평양전쟁 기간 동안 육군대신, 참모총장 등을 역임하며 육군을 이끌었다. 일본의 전쟁 확대를 주도한 주요 인사 중 하나이다.

상당한 정도로 항일전을 위한 준비를 한 반면, 일본의 육·해군 지도층은 정확한 사태 파악을 하지 못했던 것입니다. 중국 측의 지구전론도 이때 등장합니다. 지구전론은 원래 마오쩌둥의 이론으로 유명하지만, 장제스도 이와 같은 논리를 갖고 있었습니다. 어쨌든 전선은 교착될 것이고, 시간을 끌며 전쟁을 지구전으로 끌고 간다는 것이 중국 측 생각이었습니다. 일본 측에서 보자면, 이것은 중일전쟁의 '늪'에 빠진다는 것을 의미했습니다.

중국과의 전쟁을 시작한 지 3년이 지난 1940년, 당시 집권 세력이었던 제2차 고노에 후미마로 내각(이하, 제2차 고노에 내각)은 '늪'에 빠진 중일전쟁의 상황에 진저리를 쳤습니다. 그래서 상황을 수습하기 위해 새로운 방책을 내놓습니다. 그것이 바로 '남진' 즉, 남방으로 진출한다는 것이었습니다. 결국, 제2차 고노에 내각은 그해 7월에 결정한 「세계정세의 추이에 따른 시국 처리 요강」에서 "신속하게 지나사변(중일전쟁)의 해결을 촉진함과 동시에 호기를 포착해서 대 남방문제를 해결한다"라고 하고, "지나사변 처리에 관해서는 (…중략…) 특히 제3국의 장제스 원조 행위를 절멸하는 등 모든 수단을 동원해서 충칭 정권(장제스의 국민정부)의 굴복을 꾀한다", "지나사변의 처리가 마무리되지 않는 경우, 대 남방시책을 중점

〈사진 1〉 1939년 9월 1일, 히틀러가 폴란드의 베스테르플라테를 시찰하고 있다.
Constructed by NISHIDA Setsuo

으로 태세를 전환하고, 그 점에 관해서는 내외 제반의 정세를 고려해서 결정한다"라고 결정하기에 이릅니다.

일본이 남진 정책을 통해 노린 것은 크게 두 가지였습니다. 우선, '장제스 원조 행위의 절멸'이 그것입니다. 일본은 중일전쟁이 장기전이 되어 교착 상태에 빠진 것이 제3국인 미국, 영국, 소련이 장제스 정권에 물자 원조를 해주기 때문이라고 판단했습니다. 그러므로 원장 루트(장제스 정권을 원조하는 루트)를 차단해야 한다고 생각했습니다. 그리고 이를 위해 프랑스령 인도차이나에 진주해서 비행장을 만들고, 거기서 항공기를 이용해 장제스 정권을 원조하는 차량과 배를 폭격해야 한다고 생각했습니다. 또 영국·프랑스의 식민지 거점인 동남아시아의 중요지점을 점령하고 있으면, 미국과 영국이 장제스 정권을 원조하는 것을 다시 생각할 수도 있다고 보았습니다. 이상이 남진의 첫 번째 이유입니다.

그럼 두 번째 이유를 보겠습니다. 그것은 바로 '자원의 확보'입니다. 중일전쟁의 끝이 보이지 않는 상황에서 일본은 전쟁 수행을 지탱하는 경제적 기반을 만들려고 했습니다. 그런데 이를 위해서는 물자가 필요했는데, 일본은 그 물자를 남방동남아시아에서 구하려고 했습니다. 이른바 '자력'으로 획득한다는 것이었습니다.

그리하여 1940년 9월 23일, 일본군은 프랑스령 인도차이나 북부에 진주합니다. 이를 보고, "주권을 침해하는 심한 처사다", "그렇게 간단하게 남의 나라에 군대를 진주시킨다는 게 말이 되느냐"라고 생각할 수 있습니다. 물론, 일본이 그렇게 간단하게 군대를 진주시킬 수 있었던 것에는 나름의 사정이 있습니다. 당시에는 이미 제2차 세계대전이 발발한 상태였습니다. 서전에서 독일은 파죽지세로 유럽을 석권했습니다. 특히 프랑스는 1940년 6월에 독일군에 의해 파리를 점령당했습니다. 그리고 7월에는 독일에 협력하는 비시 정권이 프랑스에 세워집니다. 그 결과 일본이 진주하려는 프랑스령 인도차이나의 지배권은 독일의 괴뢰 정부인 비시 정권의 손에 들어오게 되었습니다. 따라서 일본은 유리한 입장에서 비시 정권에 진주를 강요할 수 있었습니다. 그리고 일본은 프랑스령 인도차이나 당국의 승인을 받아내서 인도차이나 북부로 들어올 수 있었습니다. 더욱이 진주 직후인 9월 27일에는 독일, 이탈리아, 일본 사이에 삼국동맹이 체결되었습니다. 삼국동맹으로 일본은 아시아에서 지도적인 지위를 승인받았고, 제3국과의 무력 충돌이 벌어지는 경우 상호 군사 원조를 해주기로 약속받았습니다. 참고로 여기서 말하는 제3국은 바로 미국을 가리킵니다.

일본이 일을 점점 크게 벌이자 드디어 미국이 일본의 앞길을 막아섰습니다. 원래 그 이전에도 미국은 중국과 일본의 전쟁에서 중국의 국민정부 편을 들고 있었습니다. 그리고 중국에 원조를 제공하기도 했습니다. 중국과의 무역 관계, 경제적 이익을 고려해서 미국은 다른 나라의 중국 진출을 막고 있는 일본의 행동을 용납하지 않았습니다. 즉 미국은, 일본이 중국에 대해 행하고 있는 군사적·경제적 정책을 보고, 앞으로 일본이 동아시아의 경제적 지배권을 노리고 있다고 판단했던 것입니다. 그래서 미국은 이미 1939년 7월에 미일통상항해조약의 폐기를 통고하고, 일본의 대 중국 정책이 바뀌지 않으면 미국과 일본의 무역 관계가 깨진다고 경고하기도 했습니다.

한편, 이러한 미국의 압박에 대해 일본의 반응은 어땠을까요? 일본에서는 육·해군뿐만 아니라 외무성, 대장성의 중요 보직에서 미국에 강하게 반발하는 이른바 '혁신관료'들이 속속 등장했습니다. 그들은 미국이 일본을 위협해서 정책을 바꾸도록 하고 있다고 보고, 오히려 더 강하게 나가기로 했습니다. 그리고는 동남아시아에까지 손을 대는 남진 정책을 채택했습니다. 물론, 혁신관료들도 미국의 강경한 태도를 예상하긴 했습니다. 하지만 미국이 행한 경제제재 조치는 일본 측의 예상을 뛰어넘는 것이었습니다.

일본군이 프랑스령 인도차이나 북부에 진주한 직후인 9월 26일, 미국은 일본에 대해 고철 수출 금지를 단행했습니다. 또 12월에는 철광석, 선철 등의 수출을 금지했고, 다음 해인 1941년 1월에는 동, 아연 등을, 2월에는 라듐, 우라늄 등의 수출을 금지했습니다. 일본이 중일전쟁을 수행하는 데 필요한 물자를 차례로 수출 금지 품목에 올린 것입니다.

미국의 경고와 일본의 무시, 이어지는 미국의 압박(경제제재)이 계속되면서 사태는 점점 전쟁을 향해 치닫고 있었습니다. 이렇게 되자 일본도 더는 미국의 경고를 무시할 수만은 없게 되었습니다. 정면으로 미국과 마주 앉아서 문제를 풀어야 했던 것입니다.

결국, 일본은 1941년 4월 미국과의 대립이 전쟁으로 확대되는 것을 막고자 협상을 개시했습니다. 물론, 협상은 잘 진행되지 않았습니다. 나중에 태평양전쟁이 발발한 것만 보아도 잘 알 수 있는 사실입니다.

3. 미국과의 충돌 가능성

위와 같은 사정으로 미국은 일본의 새로운 전쟁 상대국으로 떠오르게 되었습니다. 그러나 엄밀히 말하면 "떠오르게 되었습니다"라는 것은 맞는 표현이 아닙니다. 독자 여러분은 의외라고 생각할 수 있겠지만, 일본은 미국과의 협상 약 20년 전부터 전쟁을 의식하고 있었기 때문입니다.

제2차 세계대전 이전의 일본은 국방·군사 문제를 「제국국방방침帝國國防方針」이라는 문서에 기초해서 결정했습니다. 「제국국방방침」은 러일전쟁 이후인 1907년, 일본의 메이지 정부가 제정한 것으로, 국가 목표·전략을 위한 국방방침, 정세 판단, 가상적국 등을 규정한 문서입니다.

그중 가상적국이라는 것은 "국가의 전략을 수행하는 데 충분한 국방력을 건설·유지·운영하기 위해 필요한 계획을 정비하기 위해 상정한 나라"를 가리킵니다. 물론, 그 나라와 곧바로 전쟁을 시작할 정도의 긴장 관계를 전제로 한 것은 아닙니다. 하지만 일본의 전략 수행에 관련된 국가이기 때문에, 군 지휘부(일명 '통수부'라고 하며, 육군의 참모본부와 해군의 군령부를 가리킴)에서 전쟁에 돌입할 가능성이 가장 높다고 판단한 나라입니다. 참고로 1907년 당시 「제국국방방침」은 러시아를 제1의 가상적국으로 상정하고, 그다음으로 미국, 독일, 프랑스를 꼽았습니다. 이후 「제국국방방침」은 세 차례 개정됩니다. 국제관계는 상대적이고 시시때때로 변하는 것이며 전쟁의 형태도 과학 기술의 진보에 따라 변했기 때문입니다.

먼저 제1차 개정을 봅시다. 1918년의 제1차 개정에서 「제국국방방침」은 가상적국을 '러시아, 미국, 중국' 순서로 명시했습니다. 당시 일본은 중국에 불평등 조약으로 유명한 21개조를 요구했습니다.[9] 이에 중국에서는 일본이 중국을 침략

---

9   1914년 이후 미국과 유럽의 열강은 제1차 세계대전 때문에 한동안 중국 문제에서 힘을 쓰지 못했다. 반면, 일본은 전쟁에 직접 휘말리지 않아 중국에 힘을 투사할 여유가 있었다. 이를 기회로 1915년 일본은 중국의 위안스카이(袁世凱) 정권에 압력을 넣었다. 그래서 일본은 중국을 반쯤 식민지화하는 내용의 21개 조항을 들이대며 서명을 요구했고, 이를 관철시켰다. 이것이 유명한 일본의 '21개 조 요구'이다. 이때를 기점으로 중국을 침략하는 주요 세력은 서구 열강에서 일본으로 바뀌었다.

한다면서 관민이 일제히 반발했고, 배일 운동도 크게 일어났습니다. 그 때문에 중국이 가상적국에 추가되었던 것입니다.

그 후 5년 뒤인 1923년 2월에 제2차 개정이 이루어집니다. 제2차 개정은 1921년에 열린 워싱턴회의의 해군군축조약을 배경으로 이루어졌습니다. 이 조약을 체결할 당시 서구 열강은 주력함[10] 보유 비율을 결정하는 과정에서 일본의 주장을 받아들이지 않았습니다. 즉, 조약 체결을 주도한 미국이 일본이 요구하는 보유량을 삭감했던 것입니다. 이에 일본의 군부 내에서는 해군군령부를 중심으로 미국에 대한 반발, 경계심이 커져갔습니다. 이것을 염두에 두고, 개정된 「제국국방방침」의 '정세 판단' 부분을 인용할 테니 잘 생각해 봅시다.

불행한 기운이 조성된 원인은 주로 경제 문제에 있다. 아마도 대전의 상처가 점점 아물어 가는 것과 함께 열강의 경제 전쟁의 초점은 동아東亞 대륙이 될 것이다. 동아 대륙은 지역이 광대하고 자원이 풍부하며, 다른 나라의 개발을 기다리는 곳이 많을 뿐만 아니라 거대한 인구로 구성된 세계 제일의 시장이 있다. 그러므로 제국과 다른 나라 사이에 이해가 어긋나고, 세력이 뻗어 나

---

10   전함과 순양전함을 가리킨다. 이들은 거대한 군함으로서 당시 해군력의 중심을 이루었다.

가는 곳에서 서로 무력으로 대치할 위험도 없지 않다. 그렇게 볼 때 제국과 충돌할 기회가 가장 많은 나라는 미국이다.

여기서 "대전"은 제1차 세계대전을, "동아 대륙"은 중국을 가리킵니다. 위 문장의 뜻은 쉽게 말해 다음과 같습니다. 제1차 세계대전을 지나 1920년대 이후 자원이 풍부하고 광대한 시장을 가진 중국을 둘러싸고 열강 간에 경제적 이해가 깊어졌고, 이 때문에 이해관계의 대립이 높아져 일본과 충돌할 가능성이 가장 높은 나라가 미국이라는 것입니다. 그래서 육군과 해군은 미국을 제1의 가상적국으로 규정했고, "언젠가 제국과 충돌을 야기하게 되는 것이 필연적인 형세"라고 까지 보았던 것입니다. 미국에 이은 가상적국은 러시아소련·중국이었습니다. 그런데 미국과 관련해서는 "제국의 국방은 우리와 충돌할 가능성이 가장 높은, 강력한 국력과 병비兵備를 가진 미국을 주목표로 해서 이에 대비하며"라고 규정한 것과 비교해, 러시아·중국에 대해서는 "친선을 취지로 하며 그 이용을 꾀한다"라고 규정했습니다. 마치 미국 한 나라만 가상적국으로 간주한 것 같습니다. 중국을 둘러싼 이해관계의 대립이 미일 전쟁으로 발전한다는 것인데, 나중에 벌어질 일을 생각하면 상당히 정확한 말입니다.

한편, 이 시기 미국도 같은 생각을 하고 있었습니다. 일본의 「제국국방방침」 제2차 개정 다음해인 1924년, 미국은 쿨리지 대통령의 승인을 얻어 「오렌지 플랜」을 채택했습니다. 당시 미국은 세계의 국가, 지역을 대상으로 전쟁 작전계획을 세우고 있었습니다. 그때 독일을 블랙, 영국을 레드 등으로 그 대상을 색깔로 구분했는데, 일본은 오렌지색이었기 때문에 '오렌지 플랜'이란 이름이 붙게 됩니다. 그러니까 「오렌지 플랜」은 대일 작전계획이었던 셈입니다. 그것은 다음의 세 단계로 이루어졌습니다. 제1단계는 일본의 공세적 공격 과정, 제2단계는 미국이 갖가지 방법으로 일본 근해로 압박해 들어가는 과정, 제3단계는 대륙으로 나아가서 생존하려는 일본의 힘을 미국이 하늘과 바다에서 봉쇄하고, 포위해서 항복시키는 과정이었습니다.

자, 어떻습니까? 1920년대 초반 시점에 이미 양국이 서로, 가까운 장래에 미일 전쟁을 의식하기 시작해, 서로 호응하듯이 「제국국방방침」과 「오렌지 플랜」을 짜고 있었던 것입니다. 기막히게 궁합이 맞은 셈입니다.

이후의 실제 역사를 개관하면, 그대로 됩니다. 즉, 19세기 이후 중국을 시작으로 아시아 지역에 가장 먼저 진출한 최대의 세력, 즉 영국의 영향력은 1920년대에 크게 줄어듭니다.

제1차 세계대전으로 피폐해져서 경제적으로도, 안전보장 면에서도 국력이 후퇴했기 때문입니다. 그러한 영국의 자리를 메꾸려는 듯이 아시아의 주요 세력으로 등장한 나라가 바로 중국과 가까운 일본 그리고 커다란 자본을 가진 미국입니다. 미국은 중국의 문호 개방과 주권 존중을 내세우며 일본을 견제하는 한편, 영국의 기존 권익이 집중된 곳으로 경제적 진출을 꾀했습니다. 중국을 둘러싼 미국과 일본의 대립 구도는 세계 경제 대공황1929을 계기로 1930년대에 더욱 뚜렷해집니다. 당시 영국이 경제적으로 몰락하고 해외 거점을 지탱하는 경제적 기반을 상실하는 한편, 미국은 실업 대책의 일환으로 해외 시장 개척에 적극적으로 나섰기 때문입니다. 이후 1940년대에 들어서자 미일 양국은 과거에 서로를 가상적국으로 상정했던 것처럼 경제적 이해를 둘러싸고 중국에서 대립하게 됩니다. 그리고 대립은 점점 깊어져 급기야는 전쟁 가능성이 현실화되기에 이릅니다. 그래서 전쟁을 회피하기 위해 양국 간의 팽팽한 협상이 시작되었습니다. 이것이 1941년 봄의 상황입니다.

4. 북진과 남진

하지만 전쟁 회피를 위해 팽팽한 협상을 한다고 하지만, 1941년 4월에 시작된 미일 협상은 처음부터 어긋나 있었습니다. 당시 미 국무성에는 국무장관 헐 같은 신중파도 있었지만, 극동부장 호른벡 같은 대일 강경파도 있었습니다. 물론 호른벡도 미국과 일본의 전쟁을 바라지는 않았습니다. 다만 세게 나가면 국력 차가 있는 일본이 설마 미국에 도전하리라고는 생각하지 못했을 뿐입니다. 앞에서 일본의 외무성에 대미 강경파가 있었다고 언급했습니다만, 미국과 일본의 외교 라인은 서로에 대해 강경한 입장을 갖고 있었습니다. 그들의 강경한 입장은 오늘날 상상하는 것보다 훨씬 심했습니다.

양국의 견해 차이는 우선 「미일양해안」에서 나타났습니다. 양해안은 협상의 초고안으로서 미국과 일본의 여러 인사(카톨릭 사제와 신부, 군인, 민간인)가 협의해서 미국의 워싱턴에서 작성된 것입니다. 이것을 주미 대사였던 노무라 기치사부로野村吉三郎, 1877~1964가 미국의 국무장관 헐에게 제시해서 미일 양국 정부의 협상이 시작되었습니다. 그 요지는 다음과 같습니다.

1. 중일 간에 협정을 맺어서 일본군은 중국으로부터 철수하고, 중국의 독립을 존중한다. 충칭 정부(장제스 정권)와 난징 정부(왕자오밍 정권)를 통합한다. 중국 측이 만주국을 승인한다. 미국은 중일 간의 화해를 알선한다.
2. 미국과 일본은 통상, 금융 등에서 제휴를 추진한다.
3. 미국은 일본이 필요로 하는 물자를 확보하는 데 협력한다.

이것은 일본의 입장을 크게 배려한 협상안이었습니다. 그래서 노무라 대사가 이 협상안을 갖고 상부에 보고하자 일본 정부는 크게 기뻐했습니다. 하지만 미국 정부는 이 협상안을 용납하지 않았습니다. 「미일양해안」을 제시하는 일본 측에 대해, 오히려 헐 국무장관은 이전부터 견지해왔던 4원칙을 노무라 대사에게 제시했습니다. 그 4원칙이란 "1. 타국 영토의 보전과 주권존중 2. 타국 내정에 대한 불간섭 3. 통상의 기회 균등 4. 태평양의 현상 유지", 이상 4개의 원칙을 가리킵니다. 그런데 「미일양해안」은 미국이 제시한 4원칙과 정면으로 충돌하는 내용을 담고 있습니다. 그렇기 때문에 헐이 제시한 4원칙을 일본 정부가 승인할 리는 없었습니다. 한편, 노무라는 처음부터 협상이 무산될 것을 두려워한 나머지 헐이 4원칙을 제시한 사실을 정부에 보고하지 않았습니다. 그리고 6월, 헐 국무장관이 4원칙에 기초한 입장을 새롭게 표명함에 따라 「미일양해안」은 물거품처럼 사라졌습니다. 현재까지 판명된 바에 따르면, 미국과 일본 양국은 서로의 외교 전보를 해독하고 있었다고 합니다. 가령 노무라가 일부러 일본 정부에 보고하지 않은 미국 측의 전보와 그 내용, 마쓰오카 요스케松岡洋右, 1880~1946[11] 외무대신의 생각 등이 그 예입니다. 양국은 서로의 외교 전보를 해독하며 상대의 진의를 의심하기 시작했고, 그렇게 2개월의 시간을 보냈습니다.

그렇게 양국이 협상 테이블에서 시간을 낭비하고 있는 사이, 유럽 전선에서 경천동지할만한 사건이 터졌습니다. 1941년 6월 22일 갑자기 독일군이 소련을 침공한 것입니다. 갑작스레 발발한 독소전쟁을 두고, 정부와 군부는 대응책 마련에 부심했습니다. 원래 일본은 독일과 삼국동맹을 체결한 바 있었습니다1940.9. 하지만 한편으론, 불과 2개월 전인 4월에 마쓰오카 외상(외무대신)이 모스크바에서 소련·일본 중립조약을 맺기도 했습니다. 중립조약을 맺을 당시 마쓰오카는 삼국

---

11   일본의 외교관, 정치가. 일본의 삼국동맹 체결을 주도했으며, 친독일파로 유명하다. 외무대신으로서 나치 독일과 협력하며 일본의 침략 전쟁에 커다란 역할을 했다. 제2차 세계대전 후 A급 전범으로 체포되었고 재판 중에 병사했다.

동맹에 소련을 끌어들여, 이른바 사국동맹을 만들고자 했습니다. 사국동맹 체제로 미국, 영국 등의 자본주의 국가에 대항하려고 했던 것입니다. 그런데 독소전쟁의 발발로 마쓰오카의 구상은 완전히 깨어진 셈입니다. 그러나 실망할 새도 없다는 듯 마쓰오카는 갑자기 태도를 바꾸었습니다. 그는 이왕 이렇게 된 거, 독일에 호응해 소련을 공격하자고 주장했습니다. 이것이 '북진론'입니다. 전통적으로 러시아를 주적으로 삼아왔던 육군 참모본부의 일부도 이에 동조했습니다. 그렇게 북진론의 목소리가 갑자기 높아졌습니다.

한편, 육군성과 해군은 외무성과 참모본부에서 주장하는 북진론을 막아섰습니다.[12] 육군성과 해군은 북진론을 억제하기 위해 이에 대항하는 '남진론'을 주장했습니다. 구체적으로는 프랑스령 인도차이나 북부에서 인도차이나 남부로 더 남진하자는 것이었습니다. 실제로 인도차이나 남부에 진주하면 일본군의 항공기가 영국령 말레이, 네덜란드령 인도네시아를 행동 반경에 넣을 수 있었습니다. 그러면, 일본의 항공전력이 동남아시아 전체를 감시할 수 있다는 이점이 있습니다.

---

[12] 육군은 참모본부는 북진론, 육군성은 남진론이었지만, 해군은 군령부와 해군성 둘 다 남진론이었다.

이렇게 북진론과 남진론이 경합하는 가운데, 7월 2일 천황이 참석하는 어전회의가 열렸습니다. 거기서 결정된 것이 「정세의 추이에 따른 제국국책요강」입니다. 이것은 북진론과 남진론을 병행하는 것이었습니다. 그 요지는 "제국은 의연히 지나사변 처리에 매진하며 이와 동시에 자존자위自存自衛의 기초를 확립하기 위해, 남방 진출을 추진하고 또 정세의 추이에 따라 북방 문제를 해결한다"라는 것이었습니다. 즉, 기존에 추진하던 대로 남방으로 나아가는 한편, 한편으로는 독소전쟁의 전개에 따라 소련을 친다는 것이었습니다. 그리고 이에 따라 일본 정부는 7월 9일에 관동군특종연습(줄여서 관특연)[13]이라는 이름으로 70만에 달하는 대병력을 만주에 집결시켰습니다. 소련과의 전쟁을 준비한 것입니다. 이어 7월 28일에는 프랑스령 인도차이나 남부에 진주하기 시작했습니다.

그런데 「정세의 추이에 따른 제국국책요강」에는 "남방 진출의 태세를 강화한다"라는 문구에 이어 "제국은 이 목적의 달성을 위해 미·영과의 전쟁을 불사한다"라는 중대한 부분이 있었습니다. 사실 이것은 북진론의 주전파를 납득시키기

---

13   일본에서는 대규모 군사훈련을 '연습'이라고 부른다.

위해 넣은 일종의 '작문'에 불과했습니다. 남진파는 인도차이나 남부에 병력을 진주시켜도 그곳은 어디까지나 프랑스의 식민지 영토 내에서 이루어진 군대 이동에 불과하다고 생각했습니다. 일본과 프랑스와의 문제이지 미국과는 별 상관이 없다고 여긴 것이지요. 그래서 인도차이나 남부 진주에 대해 미국이 강력한 보복 조치를 취할 리가 없다고 생각했습니다. 실제로 대본영육군부의 전쟁지도반이 기록한 『대본영기밀전쟁일지』[14]에는 "프랑스령 인도차이나에서 멈춘다면 금수 조치는 없을 것이라고 확신한다"라는 기술이 있습니다.

하지만 실제로는 그렇지 않았습니다. 일본군이 인도차이나 남부로 진주하는 것을 알아챈 미국은 7월 25일에 재미 일본 자산을 동결하고, 8월 1일에는 석유의 대일본 수출을 전면 금지했습니다. 이는 일본 측의 상상을 뛰어넘는 강경한 조치였습니다. 자산 동결이 일본 경제에 타격을 주는 것은 사실이었지만, 더 큰 문제는 사용량의 90%를 미국에 의존하는 석유가 전면 수출 금지되었다는 것이었습니다. 석유 수출 금지는 일본의 전쟁 수행 능력은 물론, 민간기업, 국민 생활 그 자체를 모두 정지시킬 수 있었기 때문입니다.

---

14   『大本営機密戦争日誌』.

그렇다면 왜 미국은 예상을 뛰어넘는 강경한 조치를 단행했을까요? 현재까지의 연구에 의하면, 소련을 응원하기 위해서였다고 합니다. 독일과 막 전쟁에 돌입한 소련이 일찌감치 연합국에서 이탈하면, 유럽 전선은 커다란 위험에 빠지게 됩니다. 당시 미국은 연합국의 무기고를 자처하며 각국에 무기를 제공하고 있었는데, 아직은 군수산업을 전면 가동한 지 얼마 안 된 상황이었습니다. 그래서 아직 제공할 무기가 부족했습니다. 1942년 봄이 되면 무기를 수출할 태세를 갖출 예정이었는데, 그렇다면 어쨌든 소련이 이듬해 봄까지 버텨주어야 했습니다. 그래서 소련이 배후에서 공격을 받지 않도록 일본을 강력히 견제한 것이었습니다. 즉, 소련의 배후 위협을 차단하기 위한 조치였다고 볼 수 있습니다.

하지만 이유야 어떻든 일본 측은 미국의 석유 전면 수출 금지에 커다란 충격을 받았습니다. 그 결과 석유가 고갈되어 최악의 상황에 몰리기 전에 미국과 전쟁을 시작해야 한다는 조기 개전론이 군부는 물론 일반 국민 사이에서도 점점 퍼지기 시작했습니다. 실제로 전쟁을 시작한 것은 아니었지만, 전쟁을 시작해야 한다는 목소리는 점점 높아져 갔습니다.

5. 40대 장교들의 공통된 경험

여기서 잠시 시각을 바꾸어서 생각해 봅시다. 미국과의 전쟁에 최대의 추진력이 된 육·해군의 장교들(특히 참모본부, 군령부의 중견 막료들)의 내면에 무엇이 있었는지에 대해 생각해 보고 싶습니다.

메이지 헌법[15] 제11조 "천황은 육해군을 통수한다"는 군의 작전과 지휘를 담당하는 권능통수권이 천황에게 속해있다는 것을 규정하는 조문입니다. 천황만이 갖는 절대적인 권한, 즉 천황 대권의 하나로서 어떠한 것에도 구속받지 않고, 천황이 스스로 독립적으로 운용할 수 있는 권한이라고 일컬어집니다. 그렇다고는 해도 천황이 군사에 대한 모든 일을 혼자서 처리할 수는 없습니다. 또 천황이 잘못 판단하는 경우, 그 책임을 지는 부서도 필요합니다. 그래서 육군에서는 참모본부, 해군에서는 군령부가 내각으로부터 독립해서 천황을 보좌하게 되어 있었습니다.[16] 정치에서 국무대신장관들

---

15   이토 히로부미가 주도하여 만든 근대 일본의 헌법. 제2차 세계대전 이후 오늘날의 헌법(일본국 헌법)이 만들어질 때까지 19세기 후반에서 20세기 전반까지 사용되었다.

16   오늘날의 한국은 행정부 기관의 하나로 국방부가 존재한다. 그래서 외교부, 기획재정부, 통일부 등과 더불어 국방부가 대통령의 통제를 받는다. 그리고

이 천황의 정치를 보좌하게 되어 있는 것과 같은 구조입니다. 천황을 정치적, 군사적 책임으로부터 자유롭게 하기 위해 신하들이 천황을 보좌하도록 되어 있지요. 그러므로 군의 지휘부, 즉 통수부(참모본부와 군령부)가 크고 작은 작전의 입안 등을 실질적으로 수행했습니다.

어떤 곳이든, 가장 일에 숙달되고 정신적으로도 활발한 사람들은 대략 40대 과장급이지 않을까 싶습니다. 근대 일본의 통수부도 마찬가지였습니다. 1941년의 경우, 참모본부 작전과장 핫토리 다쿠시로服部卓四郎 대좌[17]는 40세, 군령부 제1부 제1과장 도미오카 사다토시富岡定俊 대좌는 44세였습니다. 한편, 그들은 같은 체험을 공유했습니다. 무엇인지 짐작이 가시나요? 바로 '러일전쟁'입니다. 러일전쟁은 1904년부터 1905년에 벌어졌는데, 40대의 장교들에게는 36년 전의 일입니다. 물론, 그들이 러일전쟁에 참전했을 리는 없습니다. 하

대통령의 통제를 받는 국방부는 육, 해, 공군의 지휘부를 통제한다. 이와 같이 대통령을 정점으로 군사력이 통제되는 것이다. 또 의원내각제를 채택하는 국가에서는 대통령 대신 수상이 그 역할을 대신한다. 반면, 메이지 헌법 체제하에서 일본의 수상은 현대의 국방부에 해당하는 육군성과 해군성을 통제하기 어려웠고, 육군성과 해군성도 참모본부와 군령부라는 군 지휘부를 통제할 수 없었다. 그러므로 내각이 군부를 통제할 수 없었고, 이에 따라 일본의 군부는 점차 독자적인 정치, 사회 세력으로 성장하게 되었다.

17   대좌는 오늘날의 대령, 중좌는 오늘날의 중령, 소좌는 오늘날의 소령에 해당

지만 그들은 소년 시절에 있었던 러일전쟁을 기억하고 있었습니다.

당시 소년들이 러일전쟁으로부터 얼마나 큰 영향을 받았는지 살펴봅시다. 먼저 쇼와 천황1901년생을 예로 들겠습니다. 쇼와 천황은 장년기에 미국과 전쟁을 하게 되는데, 러일전쟁 당시에는 겨우 서너 살이었습니다. 히로히토 친왕親王[18]으로 불리던 시절이었지요. 당시 동궁 시종장이었던 기도 다카마사木戸孝正는 히로히토 친왕이 한 살 차이의 동생과 러일전쟁 놀이를 하면서 즐거워했던 모습을 일기에 기록하기도 했습니다. 다음으로 구리바야시 다다미치栗林忠道 중장을 봅시다. 그는 태평양전쟁 말기인 1944년 이오섬 수비대 2만 1,000명의 총지휘관이었습니다. 그는 공들여 진지를 구축하는 한편, 종횡무진한 전술을 구사해 미국의 간담을 서늘하게 하다가 끝내 전사한 인물입니다. 러일전쟁 당시 구리바야시의 나이는 열서너 살이었고 형은 전쟁에 출정 중이었습니다. 최근 나가노長野현 나가노시에 남아 있는 그의 생가에서는 당시 소년 구리바야시가 그린 러일전쟁 관련의 그림과 대량의 메모가 발견되었습니다. 그는 시시각각 전해지는 전황을

---

18   통상 천황의 아들, 형제를 친왕으로 불렀다.

자기 나름대로 해석해서 전략에 관한 자세한 글을 작성했던 것입니다. 더구나 놀라운 것은 훗날의 이오섬 전투를 연상시키는 참호전을 묘사한 글도 있다는 것입니다.

러일전쟁이 벌어지던 당시 많은 소년들은 설레는 마음으로 하쿠분칸출판사가 전황을 추적하며 엮은 『일러전쟁 사진화보』의 사진, 기사 그 외에 소년·소녀잡지에 실린 전쟁 삽화를 보았습니다. 어떤 의미에서 당시의 소년, 소녀들은 전쟁을 일종의 엔터테인먼트로 접한 최초의 세대라고 할 수 있습니다.

이처럼 승리의 기억을 간직한 소년들은 기꺼이 군인의 길을 택했고, 군인이 되어서는 러일전쟁을 전쟁의 모범으로 생각하며 끊임없이 되새겼습니다. 그 결과 그들의 기억은 점차 신념으로 변했습니다. "1대 10의 격차가 나는 대국 러시아도 이기지 않았는가, 그 이전에는 대국으로 유명한 청나라도 이겼다." 이런 식으로 생각하니까, 누구를 상대하든 반드시 이긴다는 신념이 생겼던 것입니다. 또 "러일전쟁의 해전처럼 대담하게 단기 결전으로 승부를 내면 반드시 이긴다. 싸우면 이긴다"라는 신념도 생겨났습니다.

이러한 생각을 가진 40대 장교들이 통수부의 핵심을 차지했던 것입니다. 그러므로 미국과의 전쟁을 주장하는 분위기가 생겨도 전혀 이상하지 않습니다. 실제로 그들은 미국과의 전쟁을 주저하는 쇼와 천황에게 여러 가지 정보를 제공하면서 결단을 촉구했습니다. 그래서 어느 단계에 이르러서는 천황도 "이 전쟁은 무력으로 이길 수 있다"라고 생각하게 되었는지도 모릅니다. 쇼와 천황도, 통수부의 막료들도 결국에는 러일전쟁의 기억을 공유하는 같은 세대였기 때문입니다.

6. 전쟁을 결의하다

1941년 9월, 쇼와 천황은 아직 미국과의 전쟁에 소극적이었습니다. 미국, 영국을 상대로 무력으로 싸우는 것이 가능한지, 아직 납득이 가지 않았던 것입니다. 그래서 9월 6일에 열린 어전회의는 반쯤은 천황에게 전쟁을 설득하는 자리가 되었습니다.

그때 나가노 오사미永野修身, 1880~1947 군령부총장은 옛이야기 '오사카 여름의 전투'를 거론하며 전쟁을 조기에 시작해야 한다고 주장했습니다. 즉, 오사카 겨울의 전투처럼 겨울에 평화를 얻고 이듬해 여름에는 꼼짝달싹도 못하는 불리한 정세에서 싸우면 안 되며, 그런 방책은 황국皇國의 백년

〈사진 2〉미카사 함교의 정경

미카사함에서 해전을 지휘하는 도고 헤이하치로(중앙). 도고는 동해해전에서 러시아의 발
틱함대를 격파했다. 이 결정적인 승리로 그는 근대 일본에서 전설적인 존재로 추앙받았
다. 위 작품은 전쟁화가 도조 쇼타로의 작품이다. 사진 : 위키피디아

대계를 위해 취할 바가 아니라고 주장했습니다.

나가노의 주장을 정리하면 다음과 같습니다. 도요토미 히
데요시가 죽은 후, 도쿠가와 이에야스는 도요토미 가문을 멸
망시키고자 했습니다. 그래서 도쿠가와 가문은 도요토미 가
문의 근거지인 오사카성을 공격했습니다. 도요토미 히데요
시의 아들인 히데요리는 겨울의 전투에서 오사카성이 자랑

하는 해자를 끼고 도쿠가와 가문의 군대를 잘 막아냈습니다. 전투 이후 양측은 화평을 맺었는데, 그 잠깐의 사이 도쿠가와 가문은 히데요리 측의 오사카성 해자를 재빨리 메웠습니다. 그리고 다음 해 여름 도쿠가와 가문은 다시 진을 쳐 오사카성을 공격했습니다. 여름의 전투에서 도쿠가와 가문은 해자 없는 오사카성을 함락시켰고, 이때 도요토미 가문은 멸망했습니다. 그렇게 설명하면서, 나가노는 지금 미국과의 전쟁을 시작하지 못하고 시간을 질질 끌면, 일본도 미국에 멸망당할 것이라고 주장했습니다. 반면, 조기에 전쟁을 시작해 서전에서 대승을 거두면 전쟁에서 이길 가능성이 7할 혹은 8할은 될 것으로 예측했습니다. 따라서 양자택일을 한다면, 빨리 전쟁을 시작하는 것이 낫다는 것이었습니다. 결국, 그날 회의에서 결정한 「제국국책수행요령」에는 다음의 문구가 들어갔습니다.

제국은 자존자위自存自衛를 완수하기 위해 미국, 영국, 네덜란드와의 전쟁을 불사한다는 결의하에 대략 10월 하순을 목표로 전쟁 준비를 끝낸다.

불과 얼마 전, 남진을 결정할 때 넣었던 "제국은 이 목적의 달성을 위해 미·영과의 전쟁을 불사한다"라는 문구와 비교할 때 더욱 진지합니다. 더욱이 협상 기한까지 정해놓았습니다. 그래서 어전회의 전날 쇼와 천황은 10월 하순을 목표로 전쟁 준비를 끝낸다는 위의 문구를 보고 "이것을 보면, 전쟁이 '주'고, 교섭은 '종'이군"이라고 하면서 "교섭을 중점에 두는 안으로 바꾸시오"『昭和天皇独白錄』라고 고노에 수상에게 요구했습니다. 하지만 그래도 외교적인 협상의 길이 완전히 닫힌 것은 아니었습니다. 특히 고노에 수상은 루스벨트 대통령과의 정상 회담에 희망을 걸었습니다. 그러나 10월 12일 정상 회담은 사실상 거부당했습니다. 여기에 미국 측은 일본 측에 대해 4원칙을 재확인하는 한편, 중국과 프랑스령 인도차이나로부터 철군할 것을 요구했습니다. 그렇게 고노에의 희망은 끊어졌습니다. 그리고 10월 16일 제3차 고노에 내각은 총사직했습니다.

이후 도조 히데키 육군 중장이 수상이 되었습니다(10월 18일 대장으로 승진한 뒤 내각을 조직함). 도조는 총사직한 고노에 내각의 육군대신이며 대미 강경파로서 고노에 수상과 대립하는 인물이었습니다. 따라서 아무리 도조 수상이 천황의 의향을 충실히 따르고, 미국과의 협상에 힘을 기울여도 군부의 강경론을 막기란 어려웠습니다. 도조 내각 출범 후 불과 18

일만에 열린 11월 5일의 어전회의에서는 다음과 같은 「제국 국책수행요령」을 결정했습니다.

제국은 현재의 위기를 타개하고 자존자위를 완수하며 대동아 신질서를 건설하기 위해 이 기회에 미국, 영국, 네덜란드와의 전쟁을 결의하고 다음의 조치를 취한다.

1. 무력 발동의 시기를 12월 초두로 정하고 육, 해군은 작전 준비를 완비한다.

(2번부터 4까지는 생략)

"전쟁을 결의"한다는 문구가 결정적입니다. 이제 일본은 전쟁을 선택한 것이었습니다. 이후 11월 26일 미국의 헐 국무장관은 일본에 "중국, 프랑스령 인도차이나로부터의 무조건 철수, 왕자오밍 정권의 불승인, 중국에서의 각종 권익 포기 등" 일본이 수용하기 어려운 요구를 적은 각서(일명, 헐 노트)를 제시했습니다. 이에 일본은 미국의 헐 노트 제시를 최후통첩으로 받아들였습니다. 이미 일본은 미국 측의 태도에 큰 변화가 없는 한 전쟁을 하기로 결의한 바 있었습니다. 결국, 12월 1일에 어전회의가 열렸고, 어전회의는 "제국은 미국, 영국, 네덜란드에 대해 전쟁을 시작한다"라고 결정했

습니다. 이미 상당한 수준으로 전쟁을 준비했기에 이 결정
은 사실 형식적인 절차에 불과했습니다. 그리고 1주일 후인
1941년 12월 8일, 일본군은 하와이 진주만에 있는 미 태평양
함대를 기습 공격합니다. 그렇게 일본은 미국과의 전쟁에 돌
입했습니다. 태평양전쟁이 시작된 것입니다.

7. 몇 가지 의문점

자, 그럼 이제 모두가 궁금해할 법한 몇 가지 의문점에 대
해 다루어 보도록 하겠습니다.

첫째, 왜 일본은 서전에서 대승을 거두면 승리할 가능성이
있다고 보았을까요? 그 이유의 상당 부분은 일본이 예산을
들여 장기간 전쟁 준비를 해왔기 때문입니다. 1937년 7월에
중일전쟁이 발발하자 고노에 내각은 '임시군사비특별회계'
를 설치했습니다. 이를 통해 고노에 내각은 의회의 엄정한
심의를 거치지 않은 채 방대한 군사비 즉, 임시군사비를 확
보할 수 있었습니다.

그럼 일본군은 방대한 임시군사비를 어떻게 썼을까요? 물
론 3할은 중국과의 전쟁에 사용했습니다. 그리고 나머지 7할

은 육군의 경우 소련과의 전쟁에 대비한, 해군은 미국과의 전쟁에 대비한 군수품 확보 등으로 전용했습니다. 쉽게 말해 일본의 육군과 해군은 중일전쟁을 수행하면서도 태평양전쟁을 준비한 셈입니다. 그렇게 1937년부터 1941년까지 4년간 전용한 돈이 256억 엔, 현재의 화폐 가치로는 20조 4,800억 엔이었습니다. 이 정도 돈을 군비 증강에 쏟아부었으니, 미국이 군사력을 정비하기 전에 공격해서 서전에서 대승을 거둔다면, 전쟁에 이길 수 있다고 믿었던 것도 무리는 아닙니다.

둘째, 그렇다면 "서전에서 대승을 거두기 위해서는 어떻게 하면 좋을까?"라는 물음이 생겨납니다. 이에 대해 당시 일본의 육, 해군은 "기습을 통한 단기 결전"이라고 생각했습니다. 하와이 진주만 기습을 결정한 것도 그러한 맥락입니다. 항구에 정박 중인 함대를 항공기를 이용한 뇌격(어뢰를 투하해서 공격함)과 수평 폭격으로 급습한다는 것인데, 야마모토 이소로쿠山本五十六, 1884~1943 연합함대 사령장관[19]이 생각해낸 작전이었습니다. 러일전쟁 당시 야마모토 장관은 장갑순양함 '닛신日進'의 승조원이었고, 동해해전에 참가해 부상까지 입

___
19   사령관을 지칭한다.

었습니다. 러일전쟁에 현역으로 참가한 군인이면서, 태평양 전쟁에도 현역으로 참가한 군인인 셈이지요. 아마도 그는 러일전쟁에 참가한 마지막 세대였을 것입니다. 그런 만큼 야마모토 장관은 러일전쟁의 경험을 잘 기억하고 있었습니다. 그는 러일전쟁 당시 치열했던 뤼순 공방전[20]에서 진주만 공격의 힌트를 얻고, 여러 가지 작전을 잘 조합한 다음 기습 공격을 감행했습니다. 그 결과 미군 전함 8척을 폭침 혹은 격파하는 커다란 전과를 올렸습니다. 나름 큰 성과이긴 했지만, 미국은 이후 반 년도 안 되어 전력을 회복했습니다. 즉, 서전에서는 승리했지만, 그것이 전쟁의 승리로는 이어지지 않았던 것입니다. 진주만 기습에서 일본은 항모 6척을 집중 운용했습니다. 그 운용 전략을 그대로 유지했다면 그래도 괜찮았을 텐데, 당시 일본 해군에서는 여전히 대함거포주의[21]가 짙게 남아 있었습니다. 그러므로 항공모함을 적극적으로 운용하는 야마모토 장관의 기발한 생각은 일본 해군 전체의 전략과

---

20 뤼순항을 둘러싸고 공격자인 일본군과 방어자인 러시아군 간에 벌어진 치열한 전투

21 거대한 크기와 대구경 포를 장착한 전함과 순양전함이 해군 전력의 핵심이라는 사상이다. 일본뿐만 아니라 제2차 세계대전 이전까지 세계의 해군에 널리 퍼졌던 군사 사상이다. 이 사상은 제2차 세계대전에서 항공모함, 잠수함, 구축함 등이 크게 활약함에 따라 세계적으로 자취를 감추었다.

〈사진 3〉불타는 전함 애리조나
1904년, 일본은 러일전쟁을 기습으로 시작했다. 그리고 1941년에는 하와이 진주만을 기습 공격했다. 일본의 진주만 기습은 과거 러시아에 했던 것의 업그레이드 버전이었던 셈이다. 사진 : 위키피디아

달랐습니다. 결국, 진주만 기습은 단발적인 작전으로 끝나고 맙니다.

셋째, 왜 일본은 압도적인 국력을 가진 미국을 상대로, 전쟁을 밀어붙였을까요? 이것은 군사력 혹은 기술이 아닌, 국민 감정의 측면에서 대답할 수 있습니다. 앞에서 언급했듯이, 미국과 일본의 국력 차이는 상층부뿐 아니라 일본 국민 전체가 알고 있었습니다. 정부가 국력 차를 숨기지 않고, 오히려 이를 극복하는 것이야말로 정신력이라고 강조했기 때

문입니다. 예를 들어 소학교 등에서는 미국과 일본의 국력 차를 알기 쉽게 그래프로 설명한 책자를 나눠주고, 이와 같은 국력 차를 극복하는 것이야말로 '야마토혼'[22]이라고 가르쳤습니다. 국민을 단결시키기 위해서는 위기를 강조하는 편이 더 나은 법입니다. 그러므로 당시에는 현격한 국력 차를 알면서도 전쟁을 적극적으로 지지하는 사람들이 광범위하게 퍼져 있었습니다. 그렇지 않았다면, 국력 차를 알면서도 전쟁을 지지하지 않았을 테지요.

그럼 여기서 루쉰魯迅, 1881~1936의 소개로 알려진 중국 문학자이며 사상가인 다케우치 요시미竹內好와 작가이자 시인인 이토 세이伊藤整가 진주만 기습 직후에 쓴 문장을 소개하겠습니다.

역사는 만들어졌다. 세계는 하룻밤 사이에 변모했다. 우리는 눈앞에서 그것을 보았다. (…중략…) 12월 8일, 선전의 조서가 내려진 날, 일본 국민의 결의는 하나로 불타올랐다. 상쾌한 기분이었다. (…중략…) 솔직히 말하면 우리는 지나사변에 대해 하나가 되기 어려운 감정이 있었다. (…중략…) 우리 일본은 동아 건

---

22 일본 고유의 정신을 강조한 표현. '야마토'는 근원적이고 전통적인 일본을 가리킨다.

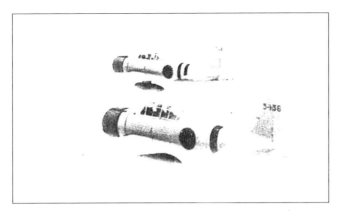

〈사진 4〉 0식 함상전투기(제로센)
제2차 세계대전에서 일본 해군의 주력 전투기로 사용됐다. 초기에는 우수한 성능으로 일본
군의 승리에 기여하기도 했다. 옛 일본군의 무기 중 가장 유명해서 오늘날에도 널리 알려
져 있다. 사진 : 위키피디아

설의 미명하에 숨어서 약자를 괴롭히고 있는 것은 아닌가? 하고

지금껏 의심해 왔다. (…중략…) 대동아전쟁은 멋지게 지나사변

을 완수했고, 그 의의를 세계사적으로 부활시켰다. 지금 대동아

전쟁을 완수하는 것은 우리다.

— 竹內好,「大東亜戦争と吾等の決意(宣言)」,『中国文学』第80号, 1942年 1月

오늘은 사람들 모두가 희색이 만면하며 밝다. 어제랑 완전히

다르다.(12월 9일)

이 전쟁은 밝다. (…중략…) 평균적으로 행복과 불행을 국민

들이 서로 나누고 있다는 기분이 있다. 이것이 지나사변 이전보

다도 국내의 분위기를 밝게 하고 있다. 그래서 대동아전쟁 직전
의 무거움, 괴로움은 사라지고 있다. 실로 이번 전쟁은 좋다. 밝
다.(1942년 2월 15일)

— 伊藤整, 『太平洋戦争日記』

다케우치 요시미는, 중일전쟁은 마음이 내키지 않는 전쟁
이었지만 태평양전쟁은 강자인 미국과 영국을 상대로 하기
때문에 약자를 괴롭히는 것이 아니다, 상쾌한 기분이다, 라
는 식으로 쓰고 있습니다. 또 이토 세이는 태평양전쟁은 중
일전쟁의 시대와는 달리 밝다고 쓰고 있습니다. '상쾌한', '밝
다'라는 단어는 당시의 일본 국민들이 태평양전쟁에 대해 어
떤 이미지를 갖고 있었는지를 잘 말해줍니다. 확실히 초반에
는 분위기가 밝았을 것입니다. 전쟁 시작 3일 만에 아시아를
오랫동안 지배해왔던 영국과 미국의 전함 10척을 격침하는
전과를 올렸기 때문입니다.

하지만 그런 기분은 끝까지 유지되었을까요? 옥쇄의 소식
을 접하고, 대공습과 원자폭탄 투하를 겪었어도 그러한 기분
이 유지되었을까요? 정말로 '상쾌한 전쟁', '밝은 전쟁'이란
것이 이 세상에 존재할까요? 아닐 것입니다.

어쨌든 일본이 압도적인 국력의 미국과의 전쟁을 밀어붙

일 수 있었던 것은 그럼에도 불구하고 전쟁에 환호하는 국민들이 있었기 때문입니다.

　이번 장에서는 일본이 미국과 전쟁에 이르게 된 경위를 설명했습니다. 특히 중일전쟁의 확대와 장기화가 태평양전쟁으로 연결되었다는 점이 중요합니다. 다음 장에서는 왜 중일전쟁이 확대되고, 장기화했는지에 대해 생각해 보겠습니다.

제3장

중일전쟁

예상치 못한 장기전

1937년

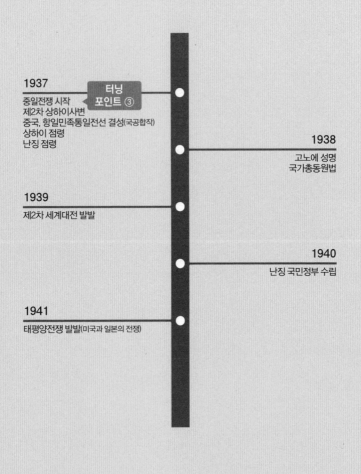

1937
중일전쟁 시작
제2차 상하이사변
중국, 항일민족통일전선 결성(국공합작)
상하이 점령
난징 점령

터닝 포인트 ③

1938
고노에 성명
국가총동원법

1939
제2차 세계대전 발발

1940
난징 국민정부 수립

1941
태평양전쟁 발발(미국과 일본의 전쟁)

1. 창장강을 거슬러 올라가며

상하이, 난징, 우한은 하나같이 중국의 대도시들입니다. 그렇다면 이들 세 개 도시의 공통점을 아십니까?

정답은 바로 '창장강長江'입니다. 창장강은 중국 제일의 강입니다. 저 멀리 서쪽의 티베트고원에서 발원해 굽이굽이 6,300km를 흘러서 동지나해로 빠집니다. 이름 그대로 장대한 대하大河입니다. 양쯔강이라는 명칭으로 불리기도 하는데, 이것은 하류부의 양저우·전장 부분을 가리키는 명칭입니다. 그러므로 강 전체를 가리키는 이름으로는 창장강이 적절합니다. 상하이, 난징, 우한은 모두 창장강에 면한 도시들입니다. 동서양을 막론하고 고래로 하천은 교통의 중요한 동맥이었습니다. 그래서 하천을 따라 큰 도시가 건설된 것은 지극히 자연스러운 일입니다. 이 세 도시를 살펴봅시다.

먼저 창장강의 하구에 위치한 상하이를 봅시다. 상하이는 청나라가 아편전쟁1840~1842에서 패한 뒤 개항되었습니다. 그리고 이후 영국, 미국, 프랑스 등 서구 열강은 상하이에 특수권익으로서 조계를 설치하고 아시아 경제 활동의 거점으로 삼았습니다. 그 결과 상하이는 20세기 전반기 국제도시로 성장했습니다. 상하이에서 창장강을 따라 약 300km 올라가

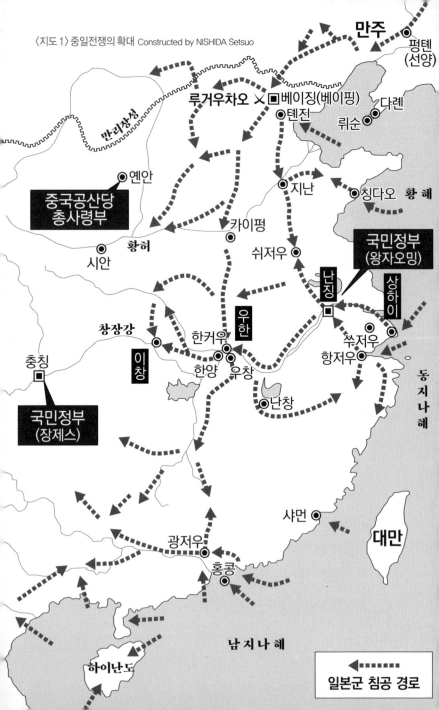

〈지도 1〉 중일전쟁의 확대 Constructed by NISHIDA Setsuo

만주
펑톈(선양)
만리장성
루거우차오 × ◼ 베이징(베이핑)
톈진
다롄
뤼순
옌안
중국공산당
총사령부
지난
칭다오 황해
황허
시안
카이펑
쉬저우
국민정부
(왕자오밍)
난징
상하이
창장강
한커우
우한
쑤저우
이창
한양 우창
항저우
충칭
국민정부
(장제스)
난창
동지나해
샤먼
대만
광저우
홍콩
남지나해
하이난도

일본군 침공 경로

면 난징이 있습니다. 난징은 3세기에 오나라의 수도가 된 후 여러 왕조의 수도가 되었습니다. 애로호 사건 이후에는 베이징조약1860으로 창장강 연안의 다른 도시들과 함께 개항이 이루어집니다. 그리고 1920~1940년대에는 중화민국의 수도가 되기도 했습니다.

난징에서 600km 정도 창장강을 따라 올라가면 우한이 나옵니다. 우한은 원래 1개 도시가 아니었습니다. 서로 인접한 정치·경제 도시 '우창', 공업 도시 '한양漢陽', 상업 항구도시 '한커우' 이렇게 세 곳의 도시를 1920년대에 합쳐서 '우한'이라고 총칭하게 되었습니다. 종종 '우한 삼진'으로 불리기도 합니다. 다시 우한에서 400km 정도 창장강을 거슬러 올라가면 상류에 이창이 있습니다. 이창은 우한 삼진보다는 덜 알려져 있습니다. 하지만 그 위치가 중요합니다. 하구부터 펼쳐진 광대한 평야 지대가 여기서 끝납니다. 이보다 더 올라가는 상류는 200km에 달하는 깊은 협곡(삼협으로 유명함)이 이어집니다. 그리고 그 앞에는 고원 지대인 쓰촨 분지가 있습니다. 상류의 관점에서 보면, 원류부터 죽 산악 지대를 접하면 흐르는 창장강이 처음으로 평야로 흘러들어가는 출구가 이창인 것입니다.

태평양전쟁이 발발하기 직전인 1941년 가을, 일본 육군(제

11군)은 이창까지 전선을 확대하고 있었습니다. 1937년 중일전쟁이 발발한 지 4년이 흐른 시기였습니다. 그 4년 동안 창장강 유역에 있던 일본 육군은 앞서 언급한 도시들을 차례로 공략·점령했습니다. 즉 1937년에는 상하이와 난징을, 1938년에는 우한을, 그리고 1940년에는 이창을 점령했습니다. 원래 중국의 국민정부는 난징에 있었습니다. 그러다가 국민정부는 난징을 포기하고 쓰촨의 충칭으로 옮겨 갔습니다. 그러자 일본군은 창장강을 거슬러 올라가며 1,500km 떨어진 충칭의 국민정부를 압박했습니다. 그 과정에서 우한을 함락시키고, 충칭의 500km 앞에 위치한 이창까지 왔던 것입니다. 창장강 하구의 상하이에서 이창까지의 거리는 대략 1,300km입니다. 그 먼 거리를 일본군은 창장강을 따라 각 도시에서 치열한 전투를 벌이며 올라왔던 셈입니다. 그렇게 일본군은 어느새 중국 대륙의 오지까지 왔습니다.

그런데 이것은 화중 지방[1]에서의 전투에 불과했습니다. 이와 병행해서 일본군은 허베이성, 산시성山西省, 산둥성 등의 화베이 지방(당시 일본에서는 북지나, 북지로 불렸음), 광둥성 등의 화난 지방(당시 일본에서는 남지나, 남지로 불렸음)에서도 대

---

1   중국의 중부 지역. 당시 일본은 이곳을 중지나, 중지라고 불렀다.

규모 전투와 점령을 반복했습니다. 일본이 중국과의 전쟁에 동원한 병사는 전쟁이 시작된 1937년에는 97만 명, 1940년에는 150만 명에 달했습니다. 100만이 넘는 대군으로 남의 나라를 침공하고 점령하는 것을 보면, 정말 대전쟁이라고 할 수 있습니다. 참고로, 일본군은 자원 획득을 위한 주둔·조계지의 경비에 주안점을 두어 화베이 지방과 화중 지방의 상하이·난징 등 창장강 하류 지역에 군 병력을 전개했습니다. 국민정부의 중앙군과 싸우기 위한 목적 외에 그런 식으로도 군대를 배치했기 때문에 대병력이 필요할 수밖에 없습니다.

그런데 참으로 이상하게도 중국과 일본이 싸우는 이 전쟁은 공식적으로는 전쟁으로 불리지 않았습니다. 특히 당사국인 중국과 일본은 이 싸움을 전쟁이라고 하지 않았습니다. 물론 실질적으로는 대규모 전쟁이 벌어지고 있었지요. 이 전쟁이 명실상부 진짜 '전쟁'이 된 것은 1941년 12월 9일(태평양전쟁 발발 다음 날) 중국이 독일, 일본, 이탈리아에 선전포고한 뒤부터입니다. 중국이 연합국의 일원이 됨으로써 중일전쟁이 제2차 세계대전의 일부가 되었기 때문입니다. 한편, 일본 측은 미국·영국과의 전쟁과 중일전쟁을 합쳐서 '대동아전쟁'으로 부르기로 결정했습니다(12월 12일). 그래서 중국과 일본은 1937년부터 1945년까지 무려 8년간에 걸쳐 전쟁을 했습니다.

앞의 제2장에서는 일본이 중일전쟁이 장기화·소모전으로 흘러가자 남진 정책을 추진했고, 이것이 미국과의 대립을 심화시켜, 결국에는 태평양전쟁으로 발전하는 과정을 살펴보았습니다. 그렇다면 왜 중일전쟁은 대규모 전쟁이 되었고, 일본의 초기 예상과 달리 4년이 넘게 계속되며 소모전으로 흘러갔을까요? 그리고 왜 4년 동안이나 전쟁 아닌 전쟁이 지속되었을까요? 제3장에서는 이와 같은 내용을 살펴보겠습니다.

2. 자위와 응징

1937년 7월 7일 오후 11시, 베이징(당시에는 베이핑) 교외를 흐르는 융딩허永定河의 루거우차오[2] 부근에서 십수 발의 총성이 났습니다. 8년간에 걸친 중국과 일본의 전쟁이 시작되는 순간이었습니다.

당시 루거우차오 부근에는 쑹저위안이 이끄는 중국 제29군 주둔지가 있었고, 그 바로 옆 강가에서는 일본의 지나주

---

2   '마르코폴로 다리'라고도 한다.

둔군[3] 보병 제1연대 소속 중대가 야간 군사훈련을 하고 있었습니다. 쑹저위안 부대는 항일의식이 강한 장병이 많았습니다. 1935년 6월 중국과 일본의 타협으로,[4] 그들은 차하르성에서 퇴거해야 했기 때문입니다. 한편, 일본 측의 경우, 2·26사건[5] 이후에 단행된 인사이동으로 부임한 지휘관도 있었습니다. 따라서 현지 사정에 다소 어두운 측면이 있었습니다. 열 발이 넘는 총탄을 누가 발포했는지에 관해서는 여러 가지 설이 있습니다.

일본군 측은 총성이 들린 뒤 병사 한 명이 행방불명 상태였기 때문에(나중에 무사히 돌아옴) 전투태세에 돌입했고, 이후 발포가 있어서 중국군을 공격했다고 주장했습니다. 반면, 중국군은 일본군이 일방적으로 공격을 감행했다고 주장했습

---

3   베이징 부근에 주둔했던 일본군. 청나라 말기 서구 열강을 몰아내자는 의화단 운동이 벌어졌는데, 이때 청나라 정부는 의화단 세력과 연합해 서구 열강을 공격했다. 그러나 결국 의화단 세력은 서구 열강의 군대에 의해 진압되었고, 청나라 정부도 항복했다. 이때 청나라는 서구 열강의 요구에 따라 베이징 부근의 군대 주둔권을 인정했다. 이후 의화단 세력을 진압했던 서구 열강과 일본은 베이징 부근에 병력을 주둔시켰다. 일본의 지나주둔군도 그중 하나이다.

4   일명 '친더춘·도이하라 협정'이라고 한다.

5   1936년 2월 26일에 도쿄에서 벌어진 군사 쿠데타. 국가개조를 목표로 청년 장교 일부가 군 병력을 이끌고 수상 관저 등을 습격하며 쿠데타를 일으켰다. 쿠데타는 3일 만에 진압되었지만, 이 사건을 계기로 정당과 의회 세력이 크게 위축되고, 쿠데타를 진압한 군부(특히 육군)의 정치 간섭은 더욱 심해졌다.

니다. 어쨌든 그날 밤 양측의 총격전이 벌어졌습니다. 한편, 일본 측은 1936년 5월에 이미 지나주둔군의 병력을 3배로 증강했다는 사실을 기억하십시오.

처음 이 사건은 국지적인 문제에 불과했습니다. 당시 정부를 구성하던 고노에 후미마로 내각은 현지 부대로부터 사건을 보고 받고 사건의 불확대, 조기 해결을 방침으로 정했습니다. 그리고 현지에서 적당히 타협해서 문제를 수습하려고 했습니다. 또 육군에서도 작전을 담당하는 참모본부 제1부장 이시와라 간지 소장 등이 불확대론을 주장했습니다. 이시와라 등은 일본의 괴뢰국가인 만주국 건설을 우선시했고, 대소련 전략을 중요하게 여겼기 때문에 당분간은 중국과의 충돌을 피하고자 했습니다. 그런데 참모본부와는 달리 육군성 내의 확대론자들은 중국에 대한 강경책을 주장했습니다. 여기에 중국의 중앙군이 북상한다는 정보까지 들어오자, 일본 정부는 7월 11일 오후, 각의에서 파병을 결정했습니다. 그리고 저녁 무렵에는 「북지파병에 관한 정부 성명」까지 발표합니다.

성명 직후인 7월 11일 밤, 현지에서는 양측 간에 정전협정이 맺어집니다. 루거우차오 부근으로부터의 중국군의 철수, 중국 측의 유감 표명, 책임자 처벌, 항일 단체 단속 등 일본 측이 제시한 조건을 거의 반영하는 형태의 협정이었습니다. 하지만 정전협정에도 불구하고, 일본의 지나주둔군은 7월 말까지 베이징의 중국 측 수비대를 몰아내고 그 일대를 점령했습니다. 그리고 톈진을 공략·점령했습니다. 이후 전쟁은 화중 지방으로 확대됩니다. 일본 해군이 제2차 상하이사변上海事變을 일으켰기 때문입니다. 8월 9일 상하이에서는 정보 수집 중이던 일본의 해군특별육전대[6] 대원 2명이 중국의 보안대에 의해 총살당했습니다. 이에 일본은 즉시 육전대 5,000명과 함정 30척을 집결시켰고, 중국 측도 난징 방면에 주둔 중이었던 군대를 상하이로 급파했습니다. 이후 양군은 얼마간 대치하다가 8월 13일, 중국 공군이 폭격을 시작했습니다.

8월 14일 난징의 국민정부 주석 장제스는 "중국은 어떠한 영토도 포기하지 않는다. 침략에 대해서는 천부적인 자위권을 행사할 뿐이다"라고 「자위항전성명서」를 발표했습니다. 그러자 일본의 고노에 후미마로 내각은 8월 15일 "지나군의 포악무도함을 응징함으로써 난징 정부의 반성을 촉구하기 위해 이제 단호한 조치를 취한다"라고 성명을 발표했습니다.

---

6   현재의 해병대에 해당한다.

이어서 8월 17일에는 "불확대 방침의 포기"를 결정하고 9월 2일에는 이번 충돌의 명칭을 '북지사변北支事變'에서 '지나사변支那事變'으로 고치기로 했습니다. 불확대 방침의 포기는 확대 방침으로 정책을 바꾼다는 것이고 '북지(북중국)'라는 지역 용어 대신 '지나'라는 명칭을 쓴다는 것은 중국 전체와 맞서 싸운다는 것을 의미합니다. 그렇게 중국군과 일본군의 충돌은 중일전쟁이 되었습니다.

3. 기묘한 전쟁

자, 이제 본격적으로 중일전쟁이 시작되었습니다. 그런데 '중일전쟁'이라는 용어는 현대의 사람들이 역사를 돌아보면서 '중국과 일본 간의 전쟁'이라는 의미로 붙인 용어입니다. 당시의 일본에서는 중국을 '지나'라고 불렀습니다. 그리고 지나에서 일어난 사변이라는 의미로 중일전쟁을 '지나사변'으로 불렀습니다.

그렇다면, 사변이란 무엇일까요? 사변은 국제법적인 전쟁, 즉 당사국들이 선전포고하고 싸우는 행위를 제외한 분쟁·충돌 사태를 가리킵니다. 그러므로 오늘날에는 중일전쟁이라고 부르지만, 당시에는 전쟁이라고 부르지 않았습니다. 중국과 일본 둘 다 이 싸움을 전쟁으로 규정하고 싶지 않았기 때문입니다. 왜 그랬을까요? 그 최대 이유는 미국의 존재, 더 정확히는 미국의 '중립법' 때문이었습니다(1935년 제정, 1937년 개정). 만약 선전포고해서 두 나라가 정식으로 전쟁 상태에 돌입하면, 미국은 중립법을 발동합니다. 그 중국과 일본 두 나라는 실제로 그렇게 되면 곤란하다고 생각했습니다.

물론 중립이라고 해도 미국의 중립은 스위스처럼 '어떠한 일이 있어도 남의 나라 간의 전쟁에 끼어들지 말아야'라는 절대적인 중립과는 달랐습니다. 미국의 중립법은 미국 국민이 전쟁에 말려들지 않도록, 미국이 전통적으로 고수하는 고립주의를 보장하기 위해 취하는 방책이었습니다. 그런 의미에서 미국의 중립법은 적극적이고 정치적인 의미를 지닌 법률이었습니다. 그 주요 내용은 다음과 같습니다. 전쟁 상태에 있다고 여겨지는 나라에 대해 미국은 ① 무기, 군용 자재의 수출 금지, ② 일반 물자, 원재료의 수출 제한, ③ 금융상의 거래 제한 등의 조치를 취했습니다. 즉, 전쟁을 수행하는 나라에 대해 무기를 팔지 않고, 물자도 팔지 않고, 금융 거래도 하지 않는다는 것이었습니다. 교전국에 대한 경제제재 조치를 사전에 경고함으로써 전쟁 발발 억제의 효과를 노린 것이지요. 거대한 물자와 자금력을 가진 미국이기에 가능한 법이었습니다. 미국은 이 법을 통해 주변국의 전쟁 발발 가능성을 억제하고, 이를 통해 미국 국민의 안전을 보장하려고 했습니다. 이것이 중립법의 취지입니다.

중립법에서 중국이 우려했던 것은 주로 ①과 ②였습니다. 즉, 무기와 물자 수출의 제한입니다. 중국은 탄약과 군사 자재를 해외 수입에 의존하고 있었습니다. 여기에 외화도, 군함도 부족한 중국은 미국으로부터 물자 수입이 막히면 치명적인 타격을 입게 됩니다. 더욱이 중국은 비행기 조종사를 훈련시키는 교관조차 미국에 의뢰하는 등 미국의 군사 원조까지 받고 있었는데, 이것도 막히게 됩니다. 그래서 중국은 미국의 중립법 발동을 무슨 수를 써서라도 피해야 했습니다. 사실 미국은 루거우차오 사건 직후 전쟁의 확대를 막기 위해 중립법 발동을 검토한 적이 있었는데, 이때 중국 정부는 미국에 중립법 적용을 하지 말아 달라고 요청했습니다. 물론 중립법을 적용을 하지 않는 대신 중국은 이 전쟁을 전쟁으로 부르지 못했습니다.

한편, 중립법에서 일본이 우려했던 것을 살펴보겠습니다. 먼저 ③이 규정하는 금융상의 거래 제한을 살펴봅시다. 금융 거래 제한이라는 것은, 교전국의 공채, 유가증권 기타 채권 증서의 매매·교환을 하지 않고, 교전국에 자금·신용을 융통해주지 않는다는 것입니다. 일본은 그전부터 뉴욕의 금융 시장에서 이루어지는 금융 거래·결재를 적지 않게 이용하고 있었습니다. 그래서 금융 거래의 제한은 뼈아픈 손실이 됩니다. 여기에 ②의 물자에 대해서도 알아봅시다. 일본은 석유 대부분을 미국으로부터의 수입하고 있었습니다. 그런데 중립법이 발동하면, 수입이 끊어집니다. 미국과의 경제적 밸류체인이 끊어지는 셈입니다. 따라서 일본은 중립법의 발동을 반드시 피하고자 했습니다.

그래서 1937년 11월, 육군성, 해군성, 외무성은 중국에 선전포고하지 않기로 결정했습니다. 물론 이때 부전조약[7](1928년 체결)의 위반 여부도 고려하긴 했었지만, 결정적인 요인은 역시 미국의 중립법이었습니다. 이러한 과정을 살펴볼 때 미국의 존재감은 역시 대단합니다. 앞에서 살펴보았듯이, 1923년 제국국방방침을 개정한 이래(제2차 개정) 일본의 제1의 가상적국은 미국이었습니다. 그리고 이제는 미국 없이는 국제적인 행보와 경제 활동을 수행할 수 없게 된 것입니다. 이것이 당시 일본이 마주한 현실이었습니다.

---

[7] '전쟁포기에 관한 조약'으로 1928년 미국, 영국, 프랑스, 이탈리아 등을 필두로 세계 주요국이 서명한 국제 조약이다.

이와 같은 사정으로 중국도, 일본도 선전포고 없이 전쟁을 수행하게 되었습니다. 양국은 이를 나름의 장점으로 여겼습니다. 이것은 미국에도 장점이 되었습니다. 중국과 일본의 싸움에 미국 국민을 끌어들이지 않아도 되니까 말이지요. 그렇게 3개국의 암묵적인 합의하에 중일전쟁은 전쟁 아닌 전쟁으로 전개됩니다. 국제법적으로는 전쟁이 아니지만, 군사적으로는 전쟁을 수행하는 기묘한 전쟁 말입니다.

4. 중국의 저항

중일전쟁의 서전은 상하이에서의 전투였습니다. 상하이 전투는 1937년 8월 중순부터 약 3개월간 지속되었습니다. 이때 일본군은 해군 소속의 육전대를 구원하기 위해 2개 사단으로 구성된 상하이파견군을 급파하고 9월에는 추가로 6개 사단을 투입하는 등 모두 20만의 병력으로 중국 측 70만 대군이 방어하는 지역을 침공했습니다. 처음 일본군은 중국 측의 항공기에 허를 찔리고, 진지전에서도 고전해야 했습니다. 하지만 일본군은 점차 중국군을 몰아냈고, 11월에 중국군이 철수하자 상하이를 함락시킵니다. 전투는 격렬했습니다. 이 전투에서 일본군 사상자는 약 4만 명, 중국군 사상자는 19만 혹은 30만이었다고 합니다.

일본군은 추격 태세를 갖추어 3면에서 국민정부의 수도 난징을 압박하고(그 전에 국민정부는 충칭으로 수도를 옮겼음), 12월 초에는 20만의 군세로 도시를 포위·공격했습니다. 일본군 일부가 성내로 진입하자, 난징 수비대 15만 명은 난징을 포기하고 혼란을 틈타 퇴각했습니다. 12월 13일, 일본군은 난징에 입성합니다. 그리고 그 후의 소탕전에서 '난징사건'[8]을 일으킵니다. 사건이 터졌을 당시 일본 국민은 이를 전혀 몰랐습니다. 오히려 갑자기 시작하게 된 이 전쟁이 수도였던 난징의 함락으로 끝나지 않을까 하고 기대했습니다. 그래서 난징에서의 전투가 빨리 끝나기를 기다렸습니다. 병사들도 마찬가지였습니다. 그들은 난징만 함락되면 전쟁이 끝나서 고향으로 돌아갈 수 있을 것이라고 생각했습니다. 물론, 그들의 희망은 산산이 깨어집니다. 희망이 끊어지자 절망감이 솟아올랐고, 이는 훗날 일본군의 사기 저하에 큰 영향을 미칩니다.

태평양전쟁을 시작할 때도 그렇습니다만, 원래 일본군은

---

8 '난징대학살'이라고도 한다.

속전속결, 단기 결전을 지향했습니다. 육군의 경우, 비교적 소수의 현역병을 중심으로 정예 부대를 구성해 상대의 중앙군을 격멸시켜 전쟁을 끝내고, 해군의 경우, 한 번의 함대 결전으로 승부를 결정짓는다고 생각했습니다. 이것은 자원과 인구가 적은 나라의 특징이기도 합니다. 그래서 정부와 군부는 물론 일반 국민까지 상하이에서 난징까지를 단번에 함락시킨다면 장제스가 항복하리라고 생각했습니다.

당시 천황의 시종이었던 오구라 구라지小倉庫次가 남긴 일기에 의하면, 1940년 10월 12일에 천황은 "지나가 의외로 강하고, 이번 사변에 대한 예측은 모두가 틀렸소. 특히 전문가인 육군부터 관측을 잘못했소. 그 영향이 지금 각 방면으로부터 오고 있으니 말이오"라고 말했습니다. 천황도 후회하고 있었던 것입니다. 사실 중일전쟁이 시작된 지 불과 수개월 만에 난징을 함락시켰을 때, 언론은 이를 대대적으로 보도하고 전국에서는 제등 행렬과 축하 행사가 벌어지는 등 승전 분위기에 열광했습니다. 이때 사람들은 믿었습니다. 이것으로 전쟁에서 이겼고 중일전쟁도 끝이라고 말입니다.

하지만 중국은 굴복하지 않았습니다. 장제스는 굴복하지 않고, 오지로 후퇴하면서 전선을 확대했습니다. 일본은 단기 결전으로 승부를 내려고 했습니다. 그러나 중국은 미국과 소련이 개입할 때까지 전선을 유지하며, 언젠가 미국의 해군력과 소련의 육군력의 도움을 받아 일본의 군사력을 격멸시킬 수 있다고 믿고 전쟁을 장기전으로 끌고 갔습니다.

사실 일본 측은 중국군의 전비와 사기가 의외로 높다는 사실을 모른 채 전쟁을 시작했습니다. 물론, 결과적으로 일본군은 상하이에서도, 난징에서도 승리했습니다. 그러나 일본군은 상하이를 공략하는 데 3개월을 소모해야 했습니다. 애초의 계산을 훨씬 뛰어넘는 시간이었습니다. 덕분에 일본군이 말처럼 그렇게 강한 군대가 아니라는 인상이 국제사회에 퍼져 나갔습니다. 천황도 이를 안타깝게 여겼습니다. 1942년 12월 11일에는 오구라 시종에게 이렇게 말했습니다. "지나사변 중 상하이에서 공격이 막혔을 때 정말로 걱정했소. 육군은 정전협정 구역에 토치카[9]가 생긴 것도 몰랐소. 공격이 막혔기 때문에 나는 병력을 증강해야 한다고 말했소".

상하이 전투에서 일본 측은 상대를 얕보았다가 도리어 큰 피해를 입었습니다. 일본군에게 상하이 전투는 그런 싸움이었습니다. 당시 전선을 시찰한 참모본부원 니시무라 도시오 西村敏雄 소좌는 이를 보고 "적의 저항은 아주 완강"하다고 평

---

9   두꺼운 철근 콘크리트로 견고하게 만들고 기관총, 대포 등을 배치한 방어 진지

가했고, 러일전쟁에 종군한 경험이 있었던 포병 출신의 장군 제101사단장 이토 마사요시伊東政喜 중장은 일기에서 "적의 완강한 모습은 러일전쟁에서 있었던 (러시아군의) 뤼순에서 의 그것과 큰 차이가 없다. 오히려 어떤 부분은 (러시아군) 이 상으로 훌륭하다. 아무리 포격해도 전멸할 때까지 진지를 고 수하는 것 같다"라고 했습니다. 중국군은 상하이 전투가 최 고조에 달한 9월, 화베이 산시성山西省의 핑싱관 전투에서 일 본군 1,000명을 섬멸하고, 10월에는 신커우忻口 전투에서 일 본군 2만 명을 섬멸하기까지 했습니다.

5. 정신과 물질

그럼 중국군은 왜 그토록 완강하게 저항할 수 있었을까 요? 그 이유는 크게 두 가지였습니다. 우선 첫째는 '강한 항 일의식'입니다. 더 정확히 말하면, 중앙정권인 국민정부(주석 장제스)와 중국공산당(정치국상무위원 마오쩌둥 등)이 항일로 일 치단결하며 싸웠던 것입니다.

장제스는 원래 반공주의자였습니다. 그래서 쑨원(국민당 창설자)의 시대에 이루어졌던 공산당과의 합작(제1차 국공합작)을 반공 쿠데타로 뒤엎은 다음, 9년간 1927~1936 공산당과 싸웠습니다. 그래서 중일전쟁 직전에는 공산당을 거의 제압하는 단계에까지 이르렀습니다.

사실 장제스의 1차 목표는 공산당을 쓰러뜨려서 국가의 통일을 완수하는 것이었습니다. 장제스의 최대 소망이 국가의 통일이었던 것은 확실합니다. 1931년의 만주사변 이후 일본은 괴뢰국가인 만주국을 세우고 화베이 분리 공작[10]을 진행하고 있었습니다. 이것은 만주와 화베이 지방을 화중의 풍부한 경제권역에서 분리하고자 하는 정책이었습니다. 장제스의 입장에서 보면, 일본의 정책은 국가통일의 최대 방해요인이었던 셈입니다. 더욱이 일본의 화베이 분리 공작은 중국 민중의 항일의식을 부채질했습니다. 중국 국민들은 국민정부의 대일정책이 너무나도 안일하다고 생각했습니다. 그리고 이러한 국민들의 반발에 호응한 것이 공산당이었습니다. 공산당은 1935년, 항일민족통일전선의 결성을 널리 호소했습니다. 그리고 1936년 12월, 공산군 토벌전을 독려하

---

10 만주사변으로 일본은 만주 전역을 점령했다. 그러나 일본, 특히 육군은 중국의 화베이 지방을 중국 정부에서 떼어서 일본의 세력권으로 만들기 위해 노력했다. 만주사변의 확장판인 셈이다. 이와 같은 일본의 지속적인 침략은 중국 내 저항을 초래했고, 이것은 결국 중일전쟁으로 폭발했다.

기 위해 장제스는 산시성陝西省 시안(옛날의 장안)을 방문했습니다. 이때 공산당의 호소에 공감했던 장제스의 부하 장쉐량(관동군에 의해 암살된 펑톈 군벌 장쭤린의 아들)이 자신의 부대를 방문한 장제스를 체포했습니다. 그리고 '내전 중지·일치 항일'을 요구했고, 결국 장제스로부터 약속받는 데 성공했습니다. 이 사건이 바로 유명한 '시안사건'입니다. 장제스는 공산당과의 합작에 굴욕감을 느꼈을 것입니다. 하지만 장제스를 지지하는 미국과 소련은 국민정부와 공산당이 항일통일전선을 결성하는 것을 지지했습니다. 중국 국내는 물론 국제적으로도 대세는 국공합작이었던 것입니다.

중국군이 완강하게 저항할 수 있었던 두 번째 이유를 봅시다. 장제스는 독일을 필두로 각국의 군수품을 구매하고 고문단을 받아들였습니다. 장제스는 이들 고문단의 조언을 받아들여 시간을 들여 상하이 주변에 견고한 진지를 구축했습니다. 장제스는 제대로 준비하고 있었던 것입니다. 메이지 시대 일본 육군의 체제는 독일을 모델로 했습니다. 그리고 1936년 독일과 방공협정을 맺었고, 1940년에는 독일·이탈리아와 삼국동맹까지 맺었습니다. 이렇게 보면 독일은 일본과 무척이나 가까운 사이 같습니다. 그러나 1938년 5월(독일이 만주국을 승인하고 일본과 손을 잡기 전까지) 이전의 독일은 중국의 최대 무기 공급국이었습니다. 게다가 독일은 중국에 군사적 원조까지 단행했습니다. 제1차 세계대전의 패전 이후 독일은 중국과 평등한 경제협약을 맺었습니다. 전후 독일은 연합국의 배상금 요구로 힘들어했었는데, 그런 독일에게 중국은 물건을 자주 사주는 통 큰 고객이었습니다. 그 외에 장제스의 아내 쑹메이링은 공군 조종사의 훈련을 위해 미국인 셔놀트를 초빙했습니다. 한편, 공산당은 1920년대부터 소련으로부터 자금과 군사고문단을 지원받으며 힘을 키우고 있었습니다.

6. 국민정부를 거부하다

자, 그렇다면 일본 정부와 군은 이 전쟁을 어떻게 이해하고 있었을까요? 당시의 기록을 보면, 정부와 군의 공통된 태도를 발견할 수 있습니다. 그것은 바로 이 전쟁을 전쟁으로 인정하지 않는 태도입니다.

예를 들어 고노에 수상의 측근 그룹 중 한 명은 중국과의 전쟁을 "일종의 토비전"이라고 썼습니다. 비적을 토벌하는 싸움이라는 뜻입니다. '비적'이란, 불법 행위를 자행하는 사악한 집단 혹은 약탈과 살인을 일삼는 도적의 무리를 가리키는 단어입니다. 중국군을 그렇게 불렀던 것입니다. 이것이 당시 일본 지도층의 공통된 인식이었습니다.

또 쉬저우 전투와 우한 전투를 수행했던둘다 1938 중지나파견군中支那派遣軍 사령부의 문서에는 다음과 같은 표현이 있습니다.

　　이번 사건은 전쟁이 아니고 보상報償이다. 보상을 위한 군사행동은 국제적인 관례로서 인정된다.

중일전쟁 직전, 중국에서는 국민정부의 지도하에 일본 제품 불매 운동이 벌어졌습니다. 당시에는 한 나라가 다른 나라의 물건에 대해 불매 운동을 하는 것이 국제법 위반으로 간주되었습니다. 중국이 국제법을 위반했고 그 결과, 일본이 경제적 불이익을 당했으니, 힘으로 보상을 받아내야 한다는 것입니다. 그래서 보상이라는 용어가 등장하는 것입니다.

일반적으로는 경제적인 불이익을 당해도 그것을 무력으로 해결하는 것은 좋지 않다고 생각하기 마련입니다. 하지만 일본은 이를 "상대가 나쁜 짓을 했으니까 무력 공격을 해도 된다"라고 간주한 것입니다. 이와 같은 발상은 현대에도 있습니다. 가령 미국은 9·11테러 이후 아프가니스탄과 이라크를 공격했습니다. 1938년의 일본과 2001년의 미국은 "상대가 나쁜 짓을 했으니까"라는 논리로 전쟁을 해석한 셈입니다.

다음으로 중일전쟁이 시작된 지 5개월 후, 즉 1938년 1월 16일에 발표된 정부 성명(제1차 고노에 성명)을 살펴봅시다. 일본은 1937년 11월부터 독일(주중 대사 트라우트만)의 중개로 중국과 협상을 진행하려고 했습니다. 협상을 통해 원하는 것을 얻고 중일전쟁을 끝내려고 했던 것이지요. 난징 함락 후 동요하고 있던 장제스도 일단 일본의 협상 요청에 응했습니다. 그런데 일본 측이 제시한 조건은 너무나도 가혹했습니다. 그것은 만주국의 정식 승인, 화베이 지방·내몽골·화중 지방에 비무장지대 설치, 배상금의 지불 등 승전국이 패전국에 요구하는 일방적인 조건이었습니다. 당연히 장제스가 이러한 조건을 수용할 리 없었습니다. 하지만 난징을 함락시킨 일본 정부는 의기양양한 상태였습니다. 그래서 내부에서는 "이런저런 조건을 내밀며 적당히 강화하는 것은 '연전연승하는 나라'가 취할 태도가 아니다"라는 의견이 우세했습니다. 적당한 조건으로 중국과 타협하는 것이 아닌, 중국으로부터 무조건 항복을 받아내야 한다는 것입니다. 결국, 협상을 제안했던 일본은 스스로 협상을 끊어내기에 이릅니다. 그리고 새로운 내용의 성명 즉, 제1차 고노에 성명을 발표합니다. 그것은 다음과 같습니다.

제국 정부는 차후 국민정부를 상대하지 않는다.

이 성명 이틀 후, 일본 정부는 다시 쐐기를 박는 설명을 추가했습니다.

차후 국민정부를 상대하지 않는다는 것은 동 정부를 인정하지 않는다는 것보다 더욱 강한 것이다. (…중략…) 국민정부를 인정하지 않음과 동시에 이를 말살시키고자 하는 것이다.

국민정부를 상대하지 않고 인정하지 않은 것은 물론, 말살해버리겠다는 것은 한 나라의 정부 성명서로서 말도 안 되는 소리입니다. 제1차 고노에 성명이 발표되기 전까지 장제스와 그 주위의 군사 지도자들은 독일의 트라우트만 주중 대사를 통해 강화조건을 검토하고 있었습니다. 이것은 당시 장제스의 일기장에도 나와 있습니다. 고노에 내각이 조금 더 타협적인 자세로 나왔다면, 협상이 성립될 가능성도 배제할 수 없습니다.[11] 사실 육군의 참모본부와 해군의 군령부 즉, 통수부도 중국과 강화해야 한다고 생각하고 있었습니다.

그런데 일본 정부, 즉 고노에 내각은 이미 국민정부를 상대하지 않는다고 했습니다. 그렇다면 누구를 협상 상대로 인정한다는 뜻일까요? 일본 측은 제1차 고노에 성명에서 이를 "제국과 진정으로 제휴할만한 신흥 지나 정부"라고 밝혔습니다. 쉽게 말해, 중일전쟁 후 일본이 점령지에 설치한 괴뢰정권과 대화하겠다는 것이었습니다. 대표적인 괴뢰정권으로는 내몽골의 몽강蒙疆정권(몽강연합위원회), 베이징의 중화민국임시정부 등이 있었습니다. 이들을 통일시켜서 새로운 중앙정권을 수립한다는 것입니다. 그러나 국민들이 괴뢰정권을 믿고 의지할 리는 없습니다. 그래서 이러한 구상은 결국 실패로 끝납니다.

그래서 일본은 앞에서 언급한 괴뢰정권을 규합한 다음 1940년, 국민정부가 버리고 간 난징에 '국민정부'를 세웠습니다. 이것은 국민당 지도자 중의 하나였던 왕자오밍이 장제스와 절연하고 일본 측에 합류했기 때문에 가능했습니다. 왕자오밍은 난징 국민정부의 수상에 취임했습니다. 왕자오밍은 중국은 일본과 결정적으로 대립하면 안 된다고 생각했습

11 물론 중국과 일본의 입장 차이가 컸기 때문에 실제로 협상이 성립될 가능성
    은 높지 않았다.

니다. 그러면 국민당은 일본에 패할 것이고, 그렇게 되면 중국이 공산당의 천하가 될 것이라고 보았기 때문입니다. 따라서 그는 일본과의 타협을 모색했습니다. 그는 원래 중국 국민당의 유력자였고 나름 우수하다고 평가받는 정치가였습니다. 그러나 왕자오밍은 장제스가 가진 군사적인 지도력도, 마오쩌둥이 가진 민심 장악 능력도 없었습니다. 카리스마를 가진 두 명과는 명백히 달랐던 셈이지요. 그런 점도 있어서 정권을 공고히 하기 어려웠습니다.

그럼에도 일본은 제1차 고노에 성명을 통해 현재 싸우고 있는 상대를 부정하고 외교적 해결의 가능성을 완전히 닫았습니다. 이제 남은 것은 중국을 굴복시키기 위해 군사적 작전을 강화하는 것이었습니다. 그래서 쉬저우 작전, 우한 작전, 광둥 작전 등을 전개해 나갔습니다.

7. 이상한 논리와 거창한 명분

그렇게 중일전쟁은 장기화되었습니다. 전쟁이 장기화되자 일본 정부는 하나의 딜레마에 빠지게 되었습니다. 그것은 선전포고하지 못해서 생겨난 문제였습니다.

앞에서 언급한 것처럼 선전포고를 하지 않은 최대의 이유는 미국과 경제적 관계를 유지하기 위해서입니다. 선전포고 하지 않음으로써 중국과 일본은 미국과 교역하며 전쟁을 수행할 수 있었던 셈입니다. 그런데 중일전쟁에서 중국은 전략사상으로서 지구전을 택했습니다. 그래서 미국과의 교역을 통해 물자와 자금을 획득하며 지구전을 수행했습니다. 만약 선전포고해서 정식으로 전쟁을 수행했다면, 일본은 중립법을 적용해서 중국의 자금, 물자 조달 루트를 막을 수 있었습니다. 그러면 단기간에 중국을 굴복시킬 가능성이 보이지만 정식 전쟁이 아니기 때문에 중국의 자금, 물자 조달을 막을 수가 없었습니다. 그 결과 1938년 일본은 광대한 중국 영토를 배경으로 지구전을 수행해야 했습니다. 이래서는 중국을 상대로 결정적인 승리를 얻을 수가 없습니다. 예를 들어 일본이 선전포고해서 교전국으로 인정받으면, 국제법적으로 해상봉쇄가 가능합니다. 그럼 중국으로 들어오는 중립국 선박을 검사하고 화물을 몰수할 수도 있습니다. 그럼 중국으로 들어오는 원조 물자, 군수품을 모두 막을 수 있습니다. 물론 그렇게 되면 중국의 저항은 크게 약해질 것입니다. 하지만 그게 불가능합니다.

또 선전포고해서 정식으로 전쟁을 하게 되면, 전쟁이 끝나고 배상금·토지의 할양 등을 요구할 수 있습니다. 물론 이것도 불가능합니다. 근대사를 돌아보면 일본은 전쟁을 통해 돈과 물자를 획득해왔습니다. 청일전쟁에서는 배상금 외에 대만을 획득했습니다. 러일전쟁에서는 중국 관동주의 철도 이권, 러시아의 사할린 남부까지 얻었습니다. 게다가 제1차 세계대전에서는 마리아나제도, 캐롤라인제도 등의 남양군도를 위임통치령이라는 이름으로 얻어냈습니다. 그런데 이번 전쟁에서는 중국으로부터 무언가 받아내는 것이 불가능합니다.

그러므로 선전포고 없는 이 기묘한 전쟁은 점점 한계에 도달했다고 볼 수 있습니다. 전쟁 시작 1년이 지나자 대륙에서 싸우는 병사들도, 후방의 국민들도 모두 지쳐갔습니다. 그리고 전쟁에 대해 의문을 가지기 시작했습니다. 전쟁이 지구전으로 변하자 '어디서 무슨 일이 생길지 몰라. 도대체 무엇 때문에 전쟁을 하는 거지? 전쟁의 대의는 무엇일까? 전쟁으로 무엇을 얻을 수 있지?'라고 생각하게 된 것입니다. 이쯤되자 정부에서도 국민들에게 무언가 설명을 해야 했습니다.

그러한 취지에서 일본 정부는 1938년 11월 3일 '동아신질서' 성명(제2차 고노에 성명)을 발표합니다. 그 내용은 일본(조선, 대만 포함), 만주국, 중국이 제휴해서 동아시아동아에서 국제적인 정의를 확립하고 방공防共을 달성하며 경제적으로도 풍요롭게 살자는 것이었습니다. 미국, 영국 등의 자본주의도, 소련과 같은 공산주의도 아닌 새로운 길을 국제사회에 제시한 셈입니다. 일본은 이것이 동아의 새로운 질서라고 주장하면서 이번 전쟁을 다음과 같이 평가했습니다.

> 제국이 바라는 것은 동아의 영원한 안정을 확보하는 신질서를 건설하는 데 있다. 이번 싸움의 궁극적인 목적도 여기에 있다.

동아신질서를 건설하기 위한 전쟁, 이것이 전쟁의 대의라는 것입니다. 10개월 전의 "차후 국민정부를 상대하지 않는다"라는 성명과 비교하면, 뉘앙스가 많이 다릅니다. 전쟁이 장기화함에 따라 상황이 달라졌기 때문입니다. 당시에는 신질서를 만들기 위해 광대한 지역을 장악하면 생산성도 올라간다는 시각에서 이 성명을 적극적으로 평가하는 사람도 있었습니다. 하지만 어차피 이 성명은 일본 정부가 국민들에게 "일본은 좋은 일을 하고 있습니다"라고 전쟁을 정당화하는 것에 불과했습니다. 어떤 의미에서 이것은 고노에 수상의 측근 그룹 중 한 명인 로야마 마사미치蠟山政道 등의 지식인이 개발한 '자기 설득의 논리'였다고 할 수 있습니다.

전쟁을 수행하기 위해서는 군사력도 필요하지만, 수행 주체는 국민입니다. 그러므로 국민을 설득하기 위해서는 그에 합당한 논리, 대의가 필요합니다. 정부는 두 번, 세 번 태도를 바꾼 뒤에, 그것도 전쟁을 시작한 지 1년 이상 지나서 겨우 그 정도 논리밖에 내세우지 못했던 것입니다. 게다가 그 논리는 전쟁에 관해 어떠한 전망도 주지 못했고, 해결책도 제시하지 못하고 있습니다. 그런 점에서 중일전쟁은 일본 국민에게도 비극이 될 수밖에 없었습니다. 물론, 중국과의 전쟁은 그 후에도 7년간 계속됩니다.

8. 암담한 각오

어쩌다 이렇게 되었을까요? 필자는 그 최대 원인이 일본이 정면으로 중국을 마주하지 않았기 때문이라고 생각합니다. 일본 정부 나아가 일본은 중국과 국제사회에 대해 깊고 신중하게 생각하지 않았습니다. 그리고는 충분한 준비도 없이 고압적인 관점을 가진 채 전쟁에 돌입했습니다. 그 결과 마지막까지 해결의 실마리를 찾지 못한 채 전쟁을 계속하게 되었습니다.

자, 그럼 이제 일본의 논리와 대의와 대척점에 서있으면서도 예리하고, 심지어 각오에 찬 논리를 소개해보겠습니다. 그 논리의 주창자는 후스胡適입니다. 그는 1891년생의 중국인입니다. 후스는 미국에 유학해서 프래그마티즘 철학을 배우고, 논문 「문학개량추의」를 써서 백화문학을 제창했습니다. 그리고 베이징대학에서 사회사상을 강의하고 장제스 아래에서 1938년에 주미 대사가 되었습니다. 그는 당대 최고의 서구적 지성을 갖춘 지식인이었습니다.

후스는 1935년, 즉 중일전쟁 2년 전에 「세계화하는 전쟁과 중국의 '국제적 해결' 전략」이란 논문을 썼습니다. 특별히 자극적인 제목은 아니지만, 내용은 대단합니다

그 논문에서 후스는 중국은 풍부한 군사력을 갖춘 일본을 자력으로 쓰러뜨릴 수 없다고 판단하는 한편, 일본의 군사력을 압도할 수 있는 존재는 미국의 해군력과 소련의 육군력밖에 없다고 합니다. 그러므로 이 두 나라를 전쟁에 끌어들이지 못하면 중국은 일본에 이길 수 없다고 지적합니다. "그렇다면 일본과의 싸움에 어떻게 미국과 소련을 끌어들일 수 있을까?"라는 물음이 생겨납니다. 이에 대해 후스는 "중국이 우선 일본과의 전쟁을 정면으로 견디면서 2년, 3년간 계속 패배하는 것이다"라고 말합니다. 그러기 위해서는 중국이 면

저 전쟁을 일으키는 각오도 필요하다고 하면서, 중국 연안의 항만, 창장강 하류 지역, 각 성이 모두 점령당하는 상황이 와도 힘든 싸움을 견디어야 한다고 주장합니다. 그러면 그때서야 미국과 소련이 움직일 것이라는 것입니다. 필자는 이것을 '암담한 각오'라고 부르고 싶습니다. 마지막으로 후스의 논문 말미를 인용해보겠습니다.

> 이상과 같은 상황에 이른 다음에야, 비로소 태평양에서 세계전쟁이 실현되는 것을 촉진할 수 있다. 따라서 우리들은 3, 4년 간은 타국의 참전 없이, 단독으로 힘든 싸움을 각오하지 않으면 안 된다. 일본의 무사는 할복을 자살의 방법으로 삼는데, 이를 실행하기 위해서는 뒤에서 도와주는 사람이 필요하다. 오늘날 일본은 전 민족이 할복의 길을 가고 있다. 위의 전략은 '일본의 할복, 할복을 도와주는 중국'이라는 말로 정리할 수 있다.
>
> ─石田憲編[鹿錫俊訳],「世界化する戦争と中国の'国際的解決'戦略」,
> 『膨張する帝国 拡散する帝国』所収, 東京大学出版会, 2007

후스의 생각은 옳았습니다. 중일전쟁은 4년이 지나서 세계대전의 일부가 되었습니다. 후스의 관점으로 중일전쟁을 바라보면 다음과 같습니다. 중국은 초기 단계부터 전쟁을 지구전으로 끌고 나갔고, 언젠가 이 전쟁이 세계대전으로 발전할 것을 예상하고 있었습니다. 반면 일본은 단기 결전에 집착한 나머지, 중국의 강한 항일의식과 군사력을 오판하고 국제 정세도 잘못 읽었습니다. 그 결과 중일전쟁은 한없이 확대되고 장기전이 되어버렸던 것입니다.

그렇다면 근본적으로 왜 일본은 중국과 전쟁을 벌일 정도로 사이가 나빴을까요? 그 원인은 대륙에 진출하려는 일본의 야망에 있었습니다. 그리고 만주는 당시 일본의 야망을 상징하는 땅이었습니다. 다음 장에서는 만주를 둘러싸고 중국과 일본의 대립이 커지는 과정을 살펴보겠습니다.

제4장

만주사변

폭주의 시작

1933년

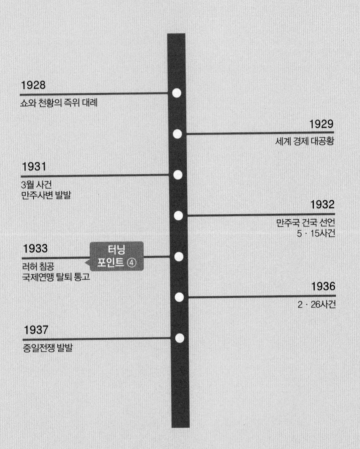

1928
쇼와 천황의 즉위 대례

1929
세계 경제 대공황

1931
3월 사건
만주사변 발발

1932
만주국 건국 선언
5 · 15사건

1933
러허 침공
국제연맹 탈퇴 통고

터닝
포인트 ④

1936
2 · 26사건

1937
중일전쟁 발발

1. 만주사변의 발발

1931년 9월 18일 오후 10시 20분, 중국 동북부(만주) 랴오닝성遼寧省의 중심지 펑톈(선양) 교외의 류탸오후柳條湖에서 남만주철도 노선이 누군가에 의해 폭파되었다. 관동군은 이를 중국군(장쉐량이 이끄는 동북변방군)의 소행으로 간주했다. 그리고 자위自衛를 명목으로 류탸오후 북쪽 800m 지점에 있는 장쉐량군의 주둔지 베이다잉北大營을 공격한 다음, 펑톈 시가지를 향해 포격을 개시했다. 다음날에는 베이다잉, 펑톈은 물론, 신징(창춘), 랴오양, 푸순 등 남만주철도 연선 및 인근 주요 도시의 대부분을 점령했다.

이것이 만주사변이 벌어졌을 때의 대략적인 상황입니다. 그런데 위의 설명에는 부적절한 부분이 있습니다. 부적절한 부분이 어느 쪽인가를 다루기 전에 먼저 만주, 남만주철도, 관동군, 동북변방군에 대한 설명부터 하겠습니다.

우선 만주에 대해 살펴봅시다. 만주는 원래 중국을 점령하고 청 왕조를 세운 여진족의 국명입니다. 16세기 말 청나라 태조 누르하치는 만주국이라는 부족국가를 세웠는데, 만주라는 말은 산스크리트어의 만주리 즉, 문수보살에서 유래한 명칭입니다. 또 만주는 민족명이기도 했습니다. 17세기 청조의 2대 황제 태종은 '예속민'을 의미하는 여진이라는 이름을 버리고 민족명을 만주로 고쳤습니다. 그 후 만주의 한자 '滿洲'가 정해졌습니다. 그리고 19세기 유럽인, 일본인은 그곳 땅을 '만주'로 부르게 되었습니다. 지역적으로 만주의 범위는 청나라 말기, 중화민국의 행정구역을 기준으로 동북3성(랴오닝성, 지린성, 헤이룽장성)에 해당합니다. 한편, 동북3성은 중국 전체의 동북부에 해당하기 때문에 '동북 지방'이라고도 불립니다. 즉, 만주＝동북3성＝동북 지방입니다. 이 세 단어는 곧잘 혼용해서 쓰입니다.

다음으로 남만주철도에 대해 살펴봅시다. 이 철도는 러시아가 청나라와 맺은 협약으로 부설권을 획득해서 건설·운영하던 둥칭철도의 지선(남쪽 지선, 1903년 개통)입니다. 러시아에 가까운 북만주를 북서-남동으로 횡단하는 것이 본선이고, 그 중심 도시는 하얼빈입니다. 그리고 T자형 밑에 남서로 뻗어있는 남쪽 지선(남지선)이 있습니다. 남쪽 지선 즉, 남지선의 종착지는 랴오둥반도의 다롄과 뤼순입니다. 이 남지선의 양 끝은 각각 창춘과 뤼순입니다. 일본은 이곳 철도를 러일전쟁 후 포츠머스 강화조약(1905년 9월 조인)으로 획득했습니다. 그리고 1906년에는 특수회사인 남만주철도 주식회사를 세우고 1907년에 영업을 시작했습니다. 회사도, 철도도 모두 합쳐서 '만철'이라는 약칭으로 불리는데, 정식 이름보다 이 이름이 더 유명합니다.

그 다음 관동군에 대해 살펴봅시다. 관동군도 포츠머스 강화조약과 관련이 있습니다. 1898년 이후 러시아는 중국으로부터 랴오둥반도의 관동주 그리고 다롄과 뤼순을 조차[1]했습니다. 러시아는 돈을 들여 뤼순에 요새를 건설했습니다. 그럼으로써 극동에서 해군력을 강화하고자 했습니다. 러시아가 뤼순을 견고하게 만든 덕에, 러일전쟁 당시 뤼순에서는 격전이 되풀이되었습니다. 러일전쟁과 포츠머스 강화조약의 결과 러시아의 조차권은 일본이 계승하게 됩니다.

그래서 일본은 1905년 9월 시정기관으로서 관동총독부(나중에는 관동도독부)를 설치하고 그 밑에 주차사단(약 1만 명)을 배치합니다. 이것이 관동군의 전신입니다. 이후 하라 다카시 내각이 집권하던 1919년 정치와 군사의 분리에 주안점을 둔 조직 개편이 이루어집니다. 그래서 관동도독부는 민정을 관할하는 관동청과 군대를 지휘하는 관동군사령부로 나뉩니다. 이때 배치된 병력 이름도 관동군으로 바뀝니다. 한편 '관동'이라는 명칭은 산하이관(만리장성 동편 끝에 있는 요새)의 동

---

1   조차(租借)는 남의 나라 영토를 일정 기간 빌리는 것을 말한다. 해당 기간 동안 빌린 영토의 주권은 빌린 나라에 귀속된다.

쪽이라는 의미로 러시아에서 사용하기 시작했습니다. 그리고 일본도 이를 계승해서 사용했습니다. 관동군의 임무는 관동주의 방비 및 남만주의 철도 노선 보호였습니다. 관동군사령부는 뤼순에 위치했습니다.

마지막으로 동북변방군에 대해 살펴봅시다. 이것은 중국 국민정부군의 일부였습니다. 그 이전에 동북3성은 군벌 장쭤린이 지배했습니다. 그런데 장쭤린 사후 장쭤린의 아들인 장쉐량은 국민정부에 합류했고 그의 군대도 국민정부군 휘하에 들어갔습니다. 장쭤린이 일본군의 음모로 암살된 것1928.6이 장쉐량으로 하여금 중국 통일에 대한 자각을 불러일으켰던 것 같습니다. 장쉐량의 합류로 난징의 국민정부는 중국을 통일하고 전국 정권이 되었습니다. 그 공에 보답하기 위해 난징의 국민정부는 장쉐량이 동북 지역을 독립적으로 지배할 수 있도록 허용하고, 그를 국민당 위원 겸 동북변방군 사령관에 임명했습니다. 그래서 장쉐량 휘하의 동북군이 동북변방군으로 바뀌었던 것입니다.

자, 그럼 다시 처음 설명으로 돌아가겠습니다. 처음 단락의 설명에 부적절한 부분이 있다고 했는데, 그게 어느 부분일까요? 그것은 "노선이 누군가에 의해 폭파되었다"의 부분 중 "누군가"의 부분입니다. 철도 노선 폭파를 계획한 주체는 관동군

〈지도 1〉 만주사변
Constructed by NISHIDA Setsuo

소련

만주

둥칭철도

헤이룽장성

치치하얼

노몬한

외몽골

하얼빈

지린성

내몽골

랴오닝성

신징
(창춘)

지린

훈춘

블라디
보스토크

류탸오후

남만주철도

러허성

펑톈
(선양)

푸순

진저우

랴오양

조선

베이핑
(베이징)

산하이관

톈진

관동주

평양

동해

뤼다
순롄

보하이

경성

산둥반도

중국

칭다오

일본군 침공 경로

참모들이었습니다. 이시와라 간지石原莞爾, 1889~1949, 이타가키 세이시로板垣征四郎, 1885~1948 등의 관동군 참모들은 남만주철도의 노선을 폭파한 다음, 이를 중국군(동북변방군)의 소행으로 뒤집어씌우려고 했습니다. 1928년 일본은 부전조약이라는 국제조약에 조인했습니다. 그래서 자위권 발동 외에는 전쟁을 벌이기 어려운 상황이었습니다. 국제사회의 분위기가 전쟁을 좀처럼 허용하지 않는 분위기였기 때문입니다.

사실 중일전쟁은 우발적으로 벌어진 측면이 큽니다. 그러나 만주사변은 관동군 참모들이 일으킨 것이었습니다. 그렇다면 왜 일본 측은 음모를 만들게 되었을까요? 무엇을 노리고 그렇게 했던 것일까요? 그리고 만주사변은 그 후의 중일관계, 국제관계에 어떤 영향을 끼쳤을까요? 이 부분에 대해 알아봅시다.

2. '만몽'이란

만주사변이 발발한 1930년대 초반, 일본은 공황을 겪고 있었습니다. 당시 정권을 잡고 있던 하마구치 오사치浜口雄幸, 1870~1931 내각은 일본 경제를 세계 시장과 링크시키면서 합리적인 발전을 꾀했습니다. 그래서 1930년 1월 금 수출 금지를 해제하고 일본의 금융을 금본위제로 복귀시켰습니다. 그런데 문제는 해제를 단행한 시기가 좋지 않았습니다. 전년도인 1929년 10월, 미국 뉴욕의 주식시장이 대폭락하면서 세계적인 경제 대공황이 시작했기 때문입니다. 하마구치 오사치 내각은 취약한 일본 경제가 경제의 합리화, 긴축 재정으로 나아지기 전에 해제를 단행한 것입니다. 따라서 무역의 부진, 경기 후퇴가 시작되고, 주가도, 생사[2] 가격도 폭락했습니다. 그 결과 실업자가 늘고, 농산물(생사를 필두로) 가격의 폭락으로 농가 부채도 크게 늘어났습니다. 일반 국민의 생활은 궁핍해지는 한편, 재벌계 은행은 예금이 집중되어 오히려 더욱 거대해지는 상황이었습니다.

이렇게 세간의 분위기는 어두웠습니다. 이때 많은 국민들의 마음을 사로잡은 단어가 있습니다. 1931년 1월의 제국의회[3]에서 전 만철 부총재이며 현 입헌정우회[4] 소속의 국회의원 마쓰오카 요스케(나중에 제2차 고노에 내각에서 외상이 됨. 본서

---

2   생사는 당시 일본의 주요 수출품으로서 외화 획득의 중요한 수단이었다. 수출주도형 경제였던 일본에게 수출품 가격의 폭락은 대단히 심각한 문제였다.

3   근대 일본의 정식 국호는 '대일본제국', 의회의 정식 명칭은 '제국의회'이다.

4   제2차 세계대전 이전 일본의 거대 정당. 헌정회(나중에는 민정당)와 함께 2대 정당으로 불리며 여러 번 집권했다.

제2장 참조)는 다음과 같이 발언했습니다.

만몽은 우리나라의 생명선이다.

이것은 마쓰오카가 외상 시데하라 기주로弊原喜重郎, 1872~
1951의 협조외교를 유약하다고 비판하다가 나온 말입니다.
그는 시데하라의 외교로는 중국 관련으로 꼬인 철도 부설 문
제, 관세 문제 등을 해결할 수 없다고 비난하고, 시데하라의
외교를 "절대 무위 방관주의"라고 규탄하면서 위의 말을 했
습니다.

마쓰오카의 주장은 '만몽'은 경제상으로도, 국방상으로도
우리나라의 생명선이며 우리 국민이 요구하는 "생물로서의
최소한의 생존권"이라는 것이었습니다. 쉽게 말해 만몽이 일
본이라는 국가의 주권, 생존권의 문제라는 것입니다. '생명
선'이라는 것은, 과거 1890년에 야마가타 아리토모山県有朋,
1838~1922가 영토(주권선)의 안전과 면밀한 관계가 있는 인접
지역을 가리키던 '이익선' 개념과 거의 같은 의미입니다. 하
지만 생명선이라고 하는 절실한 표현은 국민들의 마음을 사
로잡았습니다. 이후 "지켜라 만몽, 제국의 생명선"이라는 슬
로건이 일본을 휩쓸니다. '생명'이란 표현은 앞에서 언급한

부전조약과도 관련이 있다는 점에서 중요합니다. 제1차 세계대전 후 국제적으로 타국을 향한 노골적인 침략이 금기시되자, 타국을 침략하면서 획득하는 '특수권익의 유지'라는 표현도 점차 사용하기 어렵게 되었습니다. 하지만 그 나라에 인접한 곳의 권익과 국민의 생명을 지키기 위한 자위권은 인정되었습니다. 국제적으로 자위권은 인정한다는 해석이 우세했던 것이지요. 그러므로 마쓰오카가 '생명선'을 강조한 이유는 침략이 금기시되는 시

〈사진 1〉 야마가타 아리토모
일본 육군의 건설자이며, 메이지 정부를 주도한 정치인. 근대 일본의 국가전략 수립에 커다란 영향을 미쳤다. 육군의 대부이면서, 정계에서는 이토 히로부미의 라이벌이었다. 사진 : 위키피디아

대에 각국의 비판을 피하기 위한 측면도 있었습니다.

　다음으로 '만몽'이란 대체 어떤 지역을 가리키는 것일까요? 먼저 '만'은 만주를 가리킵니다. 그런데 더 정확하게는 만주 중에서도 일본의 권익이 있는 '남만주'를 가리킵니다. 참고로 '만철'도 정식 명칭은 '남만주철도'입니다. '몽'은 몽

고를 가리킵니다. 몽고도 사실 몽골이라는 민족명을 한자로 표기한 것입니다. 칭기즈칸의 시대에 대제국을 건설했던 몽골은 18세기 이후 청나라의 지배하에 들어갑니다. 몽골은 북쪽의 외몽골(현재의 몽골)과 남쪽의 내몽골(현재 중국의 네이멍구 자치구)로 나뉩니다. 이중 일본의 권익과 관련이 있는 곳은 내몽골의 동쪽 끝부분(동부 내몽골)입니다. 결국, '남만주'와 '동부 내몽골'을 합친 지역이 '만몽'이 되는 것입니다. 원래는 만주와 몽골은 전체가 아닌 해당 지역의 일부만 가리키는 말이지만, 그냥 만몽이라고 부르면 마치 일본이 만주와 몽골 전체를 다 차지해야 한다고 느끼기 마련입니다. 참고로 남만주와 동부 내몽골의 경계는 중국이 정해놓은 것이 아닙니다. 중국이 아니면, 누가 정했을까요? 그것은 바로 러시아와 일본이었습니다. 러일전쟁 이후 두 나라는 여러 차례 협약을 맺어 구태의연한 제국주의적 방식으로 해당 영토를 규정했습니다.

시간을 거슬러 올라가 러시아와 일본의 협약을 살펴봅시다. 제1차 협약1907에서는 만주의 철도와 전신에 대해 세력권을 협의했습니다. 이때 만주에 지도상의 경계선을 설정해서 북만주는 러시아, 남만주는 일본의 세력권으로 하기로 비밀조항으로 합의했습니다. 지린성의 동쪽 끝, 동해에 가까운 훈춘(현재의 옌볜 조선족 자치주 도시)에서 지린의 북쪽을 거쳐 내몽골과 외몽골의 경계선까지 직선으로 죽 그으면 여기가 바로 러시아와 일본이 합의한 경계선입니다. 또 내몽골에 대해서는 제3차 러일협약1912에 비밀조항으로 합의했습니다. 베이징을 기준으로 그리니치 동경 116도 27분에서 동쪽을 일본의 세력권, 서쪽을 러시아의 세력권으로 정한 것입니다. 경도를 기준으로 직선으로 그어 경계를 정하는 방식인데, 아주 명쾌하면서도 기계적인 방식입니다. 중국의 주권하에 있는 땅을 러시아와 일본이 지도상으로 나누었다는 점에서, 대단히 제국주의적이고 구시대적인 행태입니다. 참고로 러일협약은 제1차 세계대전1914~1918 이전의 일입니다. 그때는 그런 행위가 국제적으로 가능한 시대였습니다.

그런데 일본은 그 후 러시아와의 협의를 넘어, 중국에 대해서도 '만몽'에 대한 일본의 이권을 인정받으려고 합니다. 제1차 세계대전 중이던 1915년 5월, 중국과 일본 간에 체결된 '남만주 및 동부 내몽골에 관한 조약'이 그것입니다. 이 조약은 남만주와 동부 내몽골에 대한 일본의 특수이익을 인정한다는 내용입니다. 일본은 당시 중국의 위안스카이 정권을 향해, 중국을 반식민지화하는 내용을 골자로 하는 대중국 21개조의 수락을 강요하고 있었습니다. 중국이 주저하자 일본은 최후통첩을 들이밀면서 압박했고, 결국 대중국 21개조의 수락을 받아냅니다. 그중 하나가 남만주와 동부 내몽골에 관한 조약입니다. 이 조약에는 만몽이란 단어가 없고 남만주 및 동부 내몽골이라는 단어만 나옵니다. 하지만 일본은 중국이 1915년에 조약의 내용을 인정했다는 것만을 강조하는 한편, 점차 만몽의 개념을 확대해석합니다. 당시의 일본인들은 만몽이 사실은 남만주 및 동부 내몽골만을 가리킨다는 자각조차 없었던 것 같습니다. 따라서 조약에 엄밀하게 규정된 단어는 점차 애매한 형태가 되어, 일본 국민의 기억에 남게 되었습니다.

그럼 다시 마쓰오카가 언급한 "생명선" 이야기로 돌아가 보겠습니다. 사실 만몽 문제는 소수의 사람 외에는 관련이 없는 문제였습니다. 그러나 마쓰오카의 발언이 퍼져 나가면서 농민과 상인을 포함해서 일본 국민들은 만몽 문제가 대단히 중요하다고 인식하게 됩니다. 자, 그럼 이제부터 일본이 만몽에 대한 권리를 주장하는 과정을 보도록 하겠습니다.

3. 조약을 지키지 않는 나라

1910년대는 '만몽'의 개념이 탄생한 시점인 동시에 제1차 세계대전과 혁명으로 국제 정세가 요동하는 시기였습니다. 이러한 상황에서 만몽과 관련 있는 3개 국가 중 중국과 러시아에서 혁명이 일어나 제정이 무너졌습니다. 중국에서는 쑨원 등의 혁명 세력과 청조 내부의 신군新軍 그리고 지방의회 세력 등이 청조를 무너뜨렸습니다. 그리고 중화민국을 수립했는데, 이것이 신해혁명1911입니다. 또 러시아에서는 레닌과 트로츠키 등의 볼셰비키 세력이 로마노프 왕조를 무너뜨렸습니다. 그리고 제1차 세계대전에서 연합국의 편에 싸우던 러시아를 전쟁에서 이탈시켰습니다. 이것이 러시아 혁명1917입니다. 이처럼 두 나라의 정치체제는 근본적으로 변했습니다. 이것은 만몽을 매개로 얽혀있는 3국의 관계에도 큰 영향을 미쳤습니다. 혁명 후 러시아는 제정시대, 특히 제1차 세계대전 동안 각국과 맺었던 비밀조약을 전 세계에 폭로했습니다. 물론 러일협약도 마찬가지였습니다. 러시아 제국이 소비에트로 바뀌었으니, 일본 입장에서는 '만몽'을 승인해주던 북쪽 파트너를 잃어버린 셈입니다.

그럼 중국과의 관계는 어떠했을까요? 혁명 후 중국은 위안스카이가 권력을 장악했습니다. 그는 중화민국의 실권자가 되었습니다. 일본은 러일전쟁 후 러시아와 포츠머스 강화조약을 맺은 바 있었습니다. 그리고 그 내용을 중국이 인정하도록 하기 위해 '만주에 관한 청일조약'1905.12도 맺은 바 있었습니다. '만주에 관한 청일조약'의 주요 내용은 '뤼순·다롄의 조차권 계승', '둥칭철도 남지선의 양도' 등입니다. 러일전쟁 이후에 러시아와 일본이 합의한 내용이기 때문에 중국, 즉 청나라도 이를 거부하기 어려웠습니다. 그래서 청조는 일본의 요구를 수용했고, 신해혁명 후 들어선 중화민국도 이를 계승했습니다.

하지만 중화민국이 성립하고, 1920년대가 되자 상황이 변해갔습니다. 쑨원과 그의 세력은 위안스카이 세력에 의해 밀려났지만, 이후 광둥을 거점으로 세력을 키워 다시 북벌을 단행해 베이징을 장악했습니다. 그리고 동북3성을 장악하고 있던 군벌 세력 장쉐량도 쑨원 이후 실권자가 된 장제스의 국민정부에 합류합니다. 이로써 중국에 통일 정권이 수립됩니다.

그런데 이때부터 '만주에 관한 청일조약'의 조문 해석 문제가 떠오릅니다. 그 쟁점 중 하나가 '만철 병행선 금지 조항'입니다. 원래 위의 조약에는 중국 측이 만철의 이익을 저해하는 철도 간선·지선을, 병행해서 세우는 것을 금지하는 조항이 존재했다고 합니다. 일본 측은 만철의 경영에 관련된 중대한 문제이고, 청일조약의 비밀의정서에 쓰여져 있는 만큼 조약에 제대로 규정된 것이라고 주장했습니다. 그러나 이것은 사실과 거리가 멉니다. 1932년에 발표된 리튼 조사단의 보고서[5]에서 밝혀진 것처럼, 병행선 금지 건은 양국 간의 회의석상에서 발언한 것이 의사록에 남아있던 것뿐이었습니다. 더욱이 비밀의정서가 정식 조약인지도 의문입니다. 심지어 일본 외무성도 애초에 병행선 금지 조항이 조약 사항이라고는 생각하지 않았습니다. 이렇게 볼 때 일본 측 주장은 사실이 아닙니다. 그렇다면 일본 측은 규정이 있으니까, 규정을 그대로 따라야 한다고 하는 것일까요? 아닙니다. 필요에 따라 일본은 중국의 병행선을 얼마든지 눈감아 주었습니다. 가령 관동군은 중국이 설치하는 철도가 소련과의 전쟁 준비에 도움이 된다고 판단하면, 그 철도가 병행선이든 아니든 승인했습니다.

한편, 중국 쪽 사정은 어떠했을까요? 중국은 대두 등을, 만철선의 종점 다롄이 아닌 중국 철도 연선의 항구까지 운반

---

[5]   만주사변 발발 후, 이를 조사하기 위해 파견된 국제적 연맹에서 파견된 다국적 조사단

하기 위해 우회선을 건설했습니다. 그리고 1920년대 후반에는 진짜로 만철선에 병행해서 선하이선瀋海線, 지하이선吉海線, 타오앙선洮昂線 등을 만들어서 일종의 만철 포위선을 건설했습니다. 중국 측은 만철선에서 충분히 떨어진 지역이니까 병행선이 아니라고 주장했습니다. 사실 병행선 문제는 중국과 일본뿐만이 아니라 제국주의 열강 간에도 심심찮게 있었습니다. 그리고 1930년대에 들어서자 중국과 일본은 조약의 해석을 둘러싸고 더욱 격렬하게 대립하게 되었습니다.

마쓰오카 요스케는 바로 이런 때 즉, 1931년 1월에 "만몽은 우리나라의 생명선이다"라고 말했던 것입니다. 이 발언은 당시의 일본 국민에게 깊은 울림을 주었습니다. 물론 나쁜 의미로 말이지요. 그러자 육군은 이것을 중국을 비난할 '호기'로 여겼습니다. 마쓰오카의 발언 2개월 후, 그러니까 만주사변이 일어나기 6개월 전인 1931년 3월, 참모본보 제2부장(정보) 다테카와 요시쓰구建川美次 소장은 재향군인회 강연에서 다음과 같이 발언했습니다.

일청조약의 비밀의정서에 의거해, 만철에 병행하는 선은 만철의 이익을 침해하기 때문에 깔지 않는다는 엄격한 약속이 있었습니다만 [중국 측은] 그것을 무시하고 우리나라의 항의를 받으면서도 스스로 그것[6]을 만들고 있습니다. (만주에서의 특수이익을 규정하는 조문도) 조약에 엄연히 존재하는 것입니다. 그런데도 오늘날 하나도 지키지 않고 있습니다.

여기서 다테카와가 강조하고 있는 것은 조약으로 인정된 일본의 권리를 중국이 침해하고 있다는 것, 즉 '중국은 약속을 지키지 않는 나라'라는 점입니다. 이후 전국 각지에서는 국방사상 보급회 및 강연회가 열렸는데, 재향군인회 등의 연사들은 바로 그 점을 강조하며 국민을 선동해 나갔습니다.[7] 이것과 관련해 흥미로운 자료가 있습니다. 1931년 7월, 즉 만주사변이 일어나기 불과 두 달 전의 일입니다. 당시 도쿄대학 학생들의 생각을 묻는 설문 조사가 행해졌습니다. 질문은 "만몽과 관련해 무력을 행사하는 것은 정당한가?"였습니

---

6   병행선을 가리킨다.
7   '약속을 지키지 않는 나라'라는 논리는 21세기에도 등장한다. 가령 일본 아베 내각의 인사들은 2019년과 2020년에 여러 차례에 걸쳐, 한국인 징용피해자들의 배상 문제는 1965년의 한일청구권 협정에 따라 해결(청구권 포기)되었다는 입장을 견지하면서, 현재 일본의 배상 책임은 없으며 배상을 요구하는 것은 국가 간의 약속을 지키지 않는 것이라고 주장했다. 그리고 이를 토대로 '한국은 약속을 지키지 않는 나라'라고 논리를 전개했다. 이에 대해 한국은 일본이 국가 간의 청구권 포기를 개인 청구권의 포기로 확대해석했다며 강하게 반발했다.

다. 결과는 다음과 같습니다.

> 그렇다 — 88%(즉시 무력을 행사해야 한다는 52%, 외교적 수단
>
> 으로 최대한 노력한 다음에 행사해야 한다는 36%)
>
> 그렇지 않다 — 12%

조사 결과를 보면, 무려 9할에 가까운 학생들이 무력을 행사해야 한다고 하고 있습니다. 더구나 반수 이상은 '즉시' 행사해야 한다고 하고 있습니다.

한편, 만주사변 발발 직후에 행해진 또 다른 설문 조사도 있습니다. 역시 도쿄대학 학생들을 대상으로 한 조사입니다. 이번에는 질문이 다음의 두 개였습니다. "만몽을 일본의 생명선으로 생각하는가?", "만몽 문제는 군사행동으로 해결해야 한다고 생각하는가?" 여기에 대해서도 9할 정도의 학생이 "그렇다"고 대답했습니다.

만주사변 발발 이전과 이후가 똑같습니다. 무력을 행사해야 한다는 비율은 변하지 않았고, 여전히 높습니다. 이 두 개의 설문 조사 결과를 보면, 무력을 행사해야 한다는 국민적인 합의가 상당히 강했다는 것을 알 수 있습니다.

사실, 이전부터 일본 국민들 사이에서는 "만몽의 권익은

러일전쟁1904~1905을 통해 20만의 영령과 20억 국비國費의 희생으로 얻어냈다"라는 인식이 강하게 있었습니다. 그리고 1931년은 러일전쟁으로부터 25년밖에 지나지 않은 시점이었습니다. 따라서 국민의 상당수는 부모, 형제가 종군 경험이 있거나 본인이 전쟁터에서 싸운 경험이 있었습니다. 그 때문에 만몽 권익은 반드시 사수해야 한다는 의식이 강했습니다. 또 일본은 만몽에 1926년 기준으로 약 14억 엔을 투자한 상태였습니다. 그 비용 중 85%는 만철과 정부가 투자한, 글자 그대로 나랏돈입니다. 국민의 혈세가 들어갔다는 명분이 있으면 정부로서도 국민들을 설득하기 쉬워집니다.

그렇게 1930년대 초 일본의 국민감정은 들끓었습니다. 권리가 침해당하고 생존권이 위협받는다는 분노, 많은 피를 흘려서 얻은 권리를 상실할지 모른다는 두려움 때문이었습니다. 그래서 무력을 행사해도 된다는 생각을 하기에 이르렀던 것입니다.

4. 문제를 해결하는 유일한 방법

그럼, 만주사변을 일으킨 장본인인 관동군은 어떤 생각이었을까요? 여기서 등장하는 사람이 바로 만주사변 당시 관동군 참모였던 이시와라 간지 중좌입니다. 이시와라 간지는 야마가타山形현 출신으로 육군사관학교를 거쳐 육군대학교를 60명 중 2등으로 졸업했습니다. 그리고 전쟁사 연구를 위해 3년간 독일로 유학한 엘리트 군인이었습니다. 어떤 사람은 이시와라를 '짓궂으면서도 쾌활한 선동가'라고 평했습니다. 독일 유학 당시에 배웠던 전쟁 사가史家의 영향도 있어서 그의 전쟁관은 상당히 독특합니다. 그래서 오늘날에도 칭찬과 비판을 동시에 받고 있습니다.

독일에서 귀국한 뒤 육군대학교 교관이 된 이시와라는 1928년 1월, 과장급 소장 엘리트의 모임인 '목요회'에서 「우리의 국방방침」이란 글을 발표합니다. 거기에는 다음과 같은 내용이 있습니다.

일본과 미국이 양대 세력이 되고, 조무래기까지 모두 양대 세력을 따라 항공기로 일거에 승패를 가르는 것이 세계 최후의 전쟁. (…중략…) 일본 본토의 돈을 단 한 푼도 들이지 않는다는 방침으로 전쟁을 수행해야 함. 대러 작전을 위해서는 몇 개 사단이면 충분. 지나 전체를 근거지로 해서 기탄없이 이를 이용하면 20년도, 30년도 전쟁을 계속할 수 있음.

이시와라가 주장하는 것은 크게 두 가지입니다. 첫째, 미국과 일본이 각각의 진영을 결성해 항공기 결전을 벌이는 것이 세계 최후의 전쟁이라는 것입니다. 나중에 1940년, 이시와라는 『최종전쟁론』이란 책을 출판합니다. 거기에는 미국과 일본의 전쟁, 즉 "동양의 왕도와 서양의 패도, 어느 쪽이 세계 통일의 지도원리가 되어야 하는지"를 결정하는 전쟁이 인류 최후의 전쟁이 될 것이라고 하고 있습니다. 둘째, 미국과 싸우기 전, 어느 단계에서 소련과의 전쟁이 예정되어 있다는 것입니다. 그리고 대소전에 대비하기 위해서는 전장이 될 북만주를 점령해야 한다고 주장합니다. 왜냐하면, 북만주를 점령하면 소련을 중국과 소련의 본래 국경(천연의 요해)까지 밀어 올릴 수 있고, 그럼으로써 소련과 일본이 충돌하는 전장을 제한시킬 수 있다는 것입니다. 순수한 전략적 관점에서 이시와라는, 만주를 대미전의 자원 본거지와 대소전에 대비한 땅으로 간주했습니다.

1928년 10월의 인사이동으로 관동군 참모(작전주임)가 된

후, 이시와라는 현지에서 "만몽 문제를 해결하는 유일한 방법은 만몽을 우리 것으로 하는 것이다"「講話要領」라고 하는가 하면, "지나 문제, 만몽 문제는 지나와의 문제가 아니라 미국과의 문제다"「滿蒙問題私見」라고 하는 등 기회가 있을 때마다 만몽 문제에 관해 발언했습니다. 바로 이런 인물이 만주사변을 계획했던 것입니다.

이처럼 이시와라를 중심으로 한 일부 군인들은 만주를 군사 전략적 견지에서 대소전에 대비한 기지로 바라보았습니다. 그리고 만주를 중국의 국민정부에서 분리시키는 것은 물론, 나중에 대미전에도 견딜 수 있는 자원 획득기지로서 만몽을 영유하려고 계획했습니다. 그들은 이것을 자위권의 논리로 설명하면서, 부전조약 위반을 피하는 방식으로 영토 탈취를 계획했습니다. 사실 그들의 관심사는 만몽의 전략적 중요성이지, 중국과 일본이 맺은 조약이 어떠한지가 아니었습니다.

그들은 만주사변의 진짜 이유는 숨기면서, 국민 앞에서는 "조약을 지키지 않는 나라"라면서 중국을 비난했습니다. "조약에 엄연히 존재하는 것입니다. 그런데도 오늘날 하나도 지키지 않고 있습니다"라고 청중에게 연설했던 참모본부의 다테카와 요시쓰구 제2부장도 사실은 관동군이 비밀리에 사건을 일으키려고 준비한다는 사실을 알고 있었습니다. 요컨대, 군인들의 진짜 의도와 그들이 국민에게 했던 설명 사이에는 커다란 괴리가 있었던 것입니다. 당시 경제 공황 속에서 불안과 궁핍에 시달리는 국민들은 "만몽 생명선론"에 공감하며 중국은 조약을 지키지 않는 나라라고 분노했습니다. 이후 일본 국민들은 만몽에 대한 무력행사를 수긍하기에 이릅니다. 그리고 바로 그 타이밍에 관동군이 만주사변을 일으켰던 것입니다.

5. 1930년대 일본의 빛과 그림자

한편, 만주사변 발발에 대한 일본 정부의 반응은 어떠했을까요? 류탸오후 사건의 보고를 접한 와카쓰키 레이지로若槻礼次郎, 1866~1949 수상은 사건 다음 날인 9월 19일의 각의[8]에서 미나미 지로南次郎, 1874~1955 육군대신에게 "정당 방어입니까? 만약 그렇지 않고 일본군의 음모적 행위라면, 국제사회에서 우리나라의 입장은 어떻게 됩니까?"라고 다그쳤습니

---

8   대통령제하의 국무회의에 해당함. 수상과 각 부처 장관급 인사가 국가의 중대사를 의논하고 결정하는 자리다.

다. 시데하라 기주로 외무대신과 이노우에 준노스케井上準之助, 1869~1932 대장대신[9]도 수상의 의견에 동의했습니다. 그래서 각의에서는 이 사건을 더이상 확대하지 않기로 결의했습니다.

그러나 9월 21일, 정부의 태도가 우유부단하다고 생각한 하야시 센주로林銑十郎, 1876~1943 조선군[10] 사령관이 놀라운 일을 단행했습니다. 관동군을 지원하기 위해, 조선군 일부를 열차로 월경시켜 만주로 진입시킨 것입니다. 국경을 넘어 군대를 이동시키려면 우선 정부와 합의한 다음, 천황의 명령(봉칙명령)을 받아야 했습니다. 그런데 하야시가 이를 무시한 것입니다. 하야시의 행위는 명백히 천황의 통수대권을 침해한 것에 해당했습니다.[11]

하지만 군부의 테러(혹은 쿠데타)를 두려워한 수상과 각료들은 다음날 22일의 각의에서 월경을 인정하지는 않지만, 이미 출동한 조선군의 경비 지출은 승인한다는 모호한 결정을

---

9 대장성의 책임자. 대장성은 경제와 예산을 총괄하는 부처다.

10 일제 강점기 조선에 주둔한 일본군을 가리킨다.

11 동서고금을 막론하고 군 지휘관이 상부의 명령 없이 군대를 움직이는 것은 엄격히 금지된 행위이다. 상부의 명령 없는 군대 이동이 대개 군사 반란으로 이어지기 때문이다. 따라서 오늘날에도 군부대가 독자적으로 이동하면, 일단 군사 반란을 일으킨 것으로 간주해 진압한다.

내렸습니다. 그리고 하야시 센주로는 통수대권 침해에 대한 처벌을 받지 않았습니다. 그리고 월경 문제는 하야시의 경력에 전혀 손상을 입히지 않았습니다. 이것은 3년 후1934 하야시 센주로가 육군대신이 되고, 다시 3년 후1937에는 내각총리대신(수상)까지 올라갔던 사실로 충분히 증명됩니다.

오늘날의 관점에서는 와카쓰키 내각이 통수대권 침해를 처벌하지도 않고, 관동군과 조선군의 폭주를 추인했다고 간단히 비난할 수 있습니다. 하지만 역사적인 평가를 내리려면 와카쓰키가 그런 판단을 내렸던 배경 즉, 국내의 위협을 알아야 합니다.

1931년 3월(만주사변 발발 6개월 전), 국가개조를 주장하는 하시모토 긴고로橋本欣五郎 중좌 등의 군인들이 민간의 국가주의자 오카와 슈메이大川周明 등과 연합해서, 쿠데타를 통해 군부 내각을 수립하려 하다가 발각되었습니다. 이것이 '3월 사건'입니다. 같은 해 10월에는 역시 하시모토 긴고로 등의 급진파 군인들이 군대를 동원해 황거를 점령하고, 민간 우익 세력을 동원해 와카쓰키 수상을 포함해 정부·재계의 요인을 암살한 다음, 군부 정권을 세우려고 하다가 발각되었습니다. 이것이 '10월 사건'입니다. 미수에 그치긴 했지만 이러한 시도들은 정부 인사들을 떨게 했습니다. 게다가 10월 사건은 훗날 2·26사건[12]의 불씨를 품은 것이었습니다. 사전에 발각되었기 때문에 어떤 의미에서는 정치인들에게 더욱 강한 공포감을 심어주었을 수도 있습니다. 하시모토는 명백히 쿠데타를 모의했습니다. 그러나 육군은 그에게 고작 중근신(重謹慎) 20일의 징계를 내렸을 뿐입니다. 육군은 그 이유에 대해 "나라를 걱정하고 세상을 개탄하는 정열을 내뿜었을 뿐, 다른 마음은 없음"이라고 설명했습니다. 그리고 이에 대한 신문 보도를 영구 금지하는 조치를 단행했습니다.[12]

당시는 쿠데타 시도까지 대충 덮어주는, 그런 말도 안 되는 시대였던 것입니다. 따라서 헌법과 법률에 맞게 정치적 행동을 하는 것은 상당히 어려웠습니다. 목숨이 왔다 갔다 했기 때문입니다. 물론, 그런 군부에 대응하려는 움직임도 있었습니다. 너무나도 절박했기 때문입니다. 그것은 여당인 민정당과 야당인 정우회가 협력해서 강력한 내각을 만들자는 것이었습니다. 이를 통해 군부의 횡포를 억제할 수 있다

---

12 1936년 2월 26일에 도쿄에서 벌어진 군사 쿠데타. 국가개조를 목표로 청년 장교 일부가 군 병력을 이끌고 수상 관저 등을 습격하며 쿠데타를 일으켰다. 쿠데타는 3일 만에 진압되었지만, 이 사건을 계기로 정당과 의회 세력이 크게 위축되고, 쿠데타를 진압한 군부(특히 육군)의 위세는 더욱 커졌다. 2·26사건은 실제로 벌어진 쿠데타라는 점에서 3월 사건·10월 사건과 뚜렷이 구분된다.

는 것입니다. 그러나 이노우에 대장대신은 경제·외교정책이 다른 정우회를 싫어하며 협력에 반대했습니다. 서로 의견이 갈리자 내각은 분열되었습니다. 분열된 내각이 정국을 제대로 이끌어나갈 리 없습니다. 결국, 와카쓰키 내각은 만주사변 발발 3개월 후인 12월에 내각 불일치로 총사직했습니다.

게다가 노골적인 테러도 실제로 일어났습니다. 만주사변 발발 이듬해인 1932년 2월에는 전직 대장대신 이노우에 준노스케가, 같은 해 3월에는 미쓰이 재벌 총수 단 다쿠마団琢磨가 국가주의 단체였던 혈맹단[13] 단원에 의해 암살당했습니다. 또 같은 해 5월에는 해군 장교와 혈맹단 단원이 일으킨 쿠데타 사건 즉, 5·15사건이 일어났습니다. 이때 이누카이 쓰요시大養毅, 1855~1932 수상이 군인들에 의해 죽음을 당했습니다.

이처럼 1930년대 전반기에는 군부와 국가주의자들의 테러가 빈발했습니다. 이 시기에는 '빛과 그림자'가 공존하는 시대였습니다. '빛과 그림자'의 시각으로 이 시기를 살펴보겠습니다.

---

13   이노우에 닛쇼가 결성한 우익단체. 천황중심주의 국가를 지향했으며, 이 목표를 이루기 위해 기성 정치인의 암살을 꾀했다. 일인일살, 즉 한 사람이 한 명의 요인을 죽인다는 방침하에 테러를 단행했다.

1928년 11월, 교토에서 쇼와 천황[14]의 즉위 대례가 거행되었습니다. 그 절정은 자신전紫宸殿에서의 의식이었습니다. 오후 3시, 군악대가 '기미가요'[15]를 연주한 뒤, 다나카 기이치田中義一. 1864~1929[16] 수상이 선도해서 만세를 불렀습니다. 그리고 그 시각에 정확히, 라디오로 실시간 중계가 진행되는 가운데, 전국 곳곳에서 만세삼창이 울려 퍼졌습니다. 식민지에서도 일본 시각으로 오후 3시에 맞추어 만세삼창이 울려 퍼졌습니다. 장중한 공간에서 이루어진 의례 그리고 새로운 시대를 짊어질 새로운 천황의 모습. 사람들의 눈에는 이 모든 것이 반짝반짝 빛나는 빛으로 보였습니다.

그러나 한편으로 이 시기의 농촌은 심각한 불황과 궁핍으로 암울한 현실을 맞이하고 있었습니다. 그래서 많은 사람들은 도대체 왜 이렇게 세상이 힘든지에 대해 생각했습니다. 그리고 그에 맞는 이유를 찾았고, 속 시원한 해답을 갈구했습니다. 그렇게 이유를 찾다 보니, 다음과 같은 이유를 발견합니다. 그것은 "원래 밝고 희망차야 할 시대가 암울해진 이

---

14 히로히토 천황
15 근대 일본의 국가(國歌)
16 육군 군인, 정치가이다. 1910년대, 1920년대 육군을 대표하는 실력자였다. 그 후 정계에 진출, 양대 정당의 하나인 정우회의 총재가 되었다. 1927년에는 수상이 되어 정우회를 여당으로 하는 내각을 조직했다.

유는 천황을 잘 보필해야 할 각료, 궁중의 측근, 정당 정치인, 재벌 등이 나쁘기 때문이다"라는 것이었습니다. 우익과 국가주의자들은 이들을 '군주 옆의 간신'이라고 불렀습니다. 그리고 '군주 옆의 간신'을 시대의 '빛과 그림자' 중 '그림자'로 간주하면서 이들을 제거하면 세상이 좋아질 것으로 생각했습니다. 이것은 테러의 횡행으로 나타납니다. 대다수의 일본 국민은 이러한 시대적 상황을 불안한 마음으로 지켜보았을 것입니다.

6. 공리에 호소하다

자, 이제는 중국의 사정에 대해 살펴봅시다. 중국은 만주사변에 대해 어떻게 대처했을까요? 이미 4년 전부터 공산당을 타도하기 위해 내전을 벌이고 있었던 장제스는 이때 장시성江西省으로 원정을 와있는 상태였습니다. 하지만 일본이 만주사변을 일으키자 장제스는 급히 수도인 난징으로 돌아왔습니다. 그리고 3일 후인 1931년 9월 21일, 사건을 국제연맹에 제소했습니다. 일본과 협상하지 않고 "공리에 호소한다"라는 방식을 채택한 것입니다. 거기엔 세 가지 이유가 있다고 볼 수 있습니다.

첫째, 일본의 침략을 국제여론으로 견제할 수 있다고 본 것입니다. 국제여론을 중국에 유리하게 만들면, 나중에 일본과의 협상에서 유리하기 때문입니다.

둘째, 국민의 관심을 국제연맹으로 돌릴 수 있기 때문입니다. 그렇게 해서 국가 방위의 책임 일부분을 국제연맹에 분담시키는 것이 정권 유지를 위해 중요하기 때문입니다.

셋째, 장쉐량이 일본과 협상할 여지를 주지 않기 위해서입니다. 국민정부에 합류했다고는 하나, 여전히 장쉐량은 동북 3성에서 군사·행정의 실권을 쥐고 있었습니다. 만약 그런 장쉐량이 일본과 정전 협상을 벌이기라도 한다면, 장제스 정권은 이 협상에서 배제될 수 있습니다. 외교권은 중앙정부가 행사해야 할 대단히 중요한 권한인데, 이것이 장쉐량과 일본에 의에 침해당할 가능성이 있었던 것입니다. 그래서 장제스는 장쉐량을 견제하고, 중앙정부로서의 존재감을 나타내기 위해서라도 외교권을 발동해 국제연맹에 제소했던 것입니다.

이와 같은 의도로 장제스의 국민정권은 일본의 침략을 국제연맹에 호소했습니다. 이 방법이 옳은 방법인지, 혹은 유일한 선택지였는지에 대해서는 평가가 쉽지 않습니다. 사실 만주사변 발발 3년 후인 1934년, 장제스는 다른 사람 명의로 발표한 자신의 논문에서 국제연맹에 만주사변 문제를 호소한 것을 반성했습니다. 「적인가? 친구인가?」라는 논문에서 장제스는 만주사변이 발발한 책임의 6할은 일본에 있다고 했습니다. 그러나 4할의 책임은 중국에 있다고 했습니다. 그러므로 문제를 국제연맹으로 가져가면, 타협으로 문제가 해결될 가능성이 없어지고 오히려 양국 간 대립이 결정적인 것이 된다고 주장했습니다. 더욱이 일본은 국제연맹을 탈퇴할 것이고, 그러면 국제연맹에 남은 중국은 각국의 동정을 얻을 뿐이라고 했습니다. 1934년, 장제스는 이와 같이 반성하면서 외교 관계를 수복하자고 일본 측에 신호를 보냈던 것입니다.

만주사변 발발 후 장제스는 장쉐량에게 일본 측에 저항하지 말라고 지시했습니다. 그래서 동북군은 별다른 저항 없이 서남쪽으로 퇴각했고, 관동군은 1932년 초순까지 만주 전역을 지배하게 되었습니다. 그러나 만주를 점령한 것을 자위권으로 설명할 수는 없었습니다. 그래서 일본 측은 장쉐량의 '압정' 때문에 중국 국민정부로부터 독립하려는 사람들이 만주에 새로운 국가를 건설했다고 설명하고자 했습니다.

그래서 일본은 '만주국'을 세웠습니다.1932년 3월 건국. 왜 새로운 국가를 만들었을까요? 그 이유에 대해 일본군 관계자는 새로운 국가라면, 일본과 조약을 맺을 수 있기 때문이라고 밝혔습니다. 일본은 "필요한 일본국 군대를 만주국 내에 주둔하도록 한다"라는 내용을 포함해서 여러 가지 조건을 제시한 다음, 만주국과 조약을 맺습니다(일만의정서). 일만의 정서를 통해 일본 측은 만주사변 이전부터 원했던 여러 가지 사항을 관철시킵니다. 물론, 일본 측은 이것을 가리켜 문제를 '해결했다'라고 표현했지만 말입니다.

한편, 중국의 제소에 대해 국제연맹에서는 만주 관련 문제를 조사하러 조사단을 파견합니다(영국인 리튼을 위원장으로 함). 조사단은 1932년 3월부터 4월에 걸쳐 일본, 중국, 만주를 조사하고 10월에 국제연맹에 보고서리튼 보고서를 제출합니다. 조사단의 주요 멤버는 영국, 프랑스, 독일, 이탈리아, 미국 이렇게 5개국에서 선출되었습니다. 논쟁이 지나치게 격렬해지는 것을 막기 위해 강대국 출신을 위원으로 선출했던 것입니다.

조사단의 보고서에는 일본에 유리한 부분과 불리한 부분이 있었습니다. 유리한 부분은 일본 제품 불매 운동의 영구 정지, 일본인의 거주권과 토지 대차권을 만주 전역으로 확대할 것 등입니다. 이것은 일본의 경제적 권익을 옹호하는 것이었습니다. 불리한 점은 철도 폭파 후 이루어진 일본의 군사행동은 자위自衛 조치라고 인정할 수 없다는 것, 그리고 '만주국'이라는 국가는 민족 자결로 이루어진 나라가 아니라는 것, 만주는 중국의 주권하에 있다는 것 등입니다.

당시 일본의 각 신문은 지면에 리튼 보고서에 대한 희망적인 관측을 싣고 있었습니다. 군부에서도 자위권의 정당성을 주장하는 강연 등을 전국 각지를 돌며 몇 번이고 개최했습니다. 따라서 일본 국민들은 일본이 만주를 점령하고, 만주국을 세운 행위가 방어를 위한 것이었고, 정당하다고 생각했습니다. 그런 일본 국민들에게 리튼 보고서는 실망스러운 것이었습니다. 일본 국민들은 분개했습니다. 군부와 지도층은 둘째치고 일단 사회적인 여론이 그렇게 흘러갔던 것입니다.

7. 러허 작전

자, 그럼 이제 만주사변 발발부터 국제연맹 탈퇴 결정까지의 과정에서 생겼던 어떤 사건에 관해 이야기하겠습니다. 작은 일이지만 나중에 일본의 군사적, 정치적 행보에 중요한 의미를 가진 터닝 포인트입니다.

1933년 2월, 육군은 만주국에 인접한 러허성에 대한 침공 작전을 개시했습니다. 러허성은 중국이 몇 개 지역을 통합해

〈사진 2〉 류탸오후 사건이 발생했던 남만주철도의 폭파 현장을 조사하는 리튼 조사단
Constructed by NISHIDA Setsuo

신설한 성으로, 현재의 랴오닝성과 네이멍구 자치구, 허베이
성이 교차하는 곳입니다. 작전의 목적은 러허성에 주둔하고
있는 장쉐량의 동북군을 소탕한다는 것이었습니다. 일본 육
군은 러허성이 만주 지역에 있으니까 만주국의 영토라고 간
주했습니다, 그리고 러허 작전은 만주국의 안정을 위해 꼭
필요한 작전이며 만주국 내부의 군사행동이라고 해석했습
니다. 내각에서도 각의를 통해 이 계획을 승인했습니다. 천
황 자신도 1933년 2월 4일, 간인노미야閑院宮 참모총장에게

작전을 허가하는 재가裁可를 내렸습니다. 수상도, 천황도 그 작전이 의미하는 바를 잘 알지 못했던 것입니다.

하지만 2월 8일, 사이토 마코토斎藤実, 1858~1936[17] 수상이 안색이 변해 천황에게 왔습니다. 이 새로운 작전을 일본군이 실행하면, 국제연맹 규약에 저촉될 수 있고 그 경우에 일본이 국제연맹에서 제명되는 불명예를 당할 수 있다는 것이었습니다.

당시에 국제연맹은 1932년 가을에 리튼 조사단의 보고서를 받은 뒤, 나름 문제를 수습하려고 하고 있었습니다. 국제연맹 규약 제16조는, 침략을 감행한 후, 국제연맹의 권고를 무시하고 문제를 재차 "전쟁에 호소하는 동맹국은 당연히 다른 모든 동맹국을 상대로 전쟁행위를 하는 것으로 간주한다"라고 규정하고 있었습니다. 쉽게 말해서, 침략전쟁을 일으킨 후에 또 침략전쟁을 일으키면 모든 국제연맹 국가의 적이 된다는 뜻입니다. 그렇다면 문제는 '러허성은 만주국의 일부인가?'라는 문제가 생깁니다. 일본이 해석한 것처럼 러허성이 만주(특히 만주국)의 일부라면, 이것은 만주국이 반란군을 진압하는 행위이고, 일본군도 만주국이 자발적으로 끌

---

17   3·1운동 직후에 조선 총독으로 부임해서 '문화통치'를 시행한 것으로 유명하다.

어들인 것이기 때문에 만주국 국내문제라는 논리가 성립합니다. 하지만 만주가 중국의 영토라면, 일본군이 중국 영토를 침략했다는 논리가 성립합니다. 그렇다면 일본은 중국 영토인 만주를 침략하고 다시 중국의 영토인 러허성을 침략한 셈이 됩니다. 그러면, 일본은 거듭 침략하는 나라로서 국제사회의 적이 됩니다. 국제연맹의 적이 되면, 통상과 금융 등의 경제제재를 받고 심하면 국제연맹으로부터 제명당하게됩니다.

여기까지 생각이 미친 사이토 수상은 러허 작전을 승인한 각의 결정을 취소하는 한편, 천황에게도 재가를 취소해달라고 달려왔던 것입니다. 이에 대한 천황의 말에 대해서는 시종무관장侍從武官長[18] 나라 다케지奈良武次가 기록하고 있습니다. 천황은 사이토 수상의 설명을 듣고 이렇게 말했습니다.

지난번에 참모총장이 러허 공략은 불가피한 일이라고 해서 승인했지만, 이것을 취소하고 싶군. 간인노미야에게 전하게.

그러나 궁중 내 측근과 원로元老[19] 사이온지 긴모치西園寺公

---

18   천황의 군사 관련 일을 보좌하는 사람
19   천황에게 자문하고 수상의 추천권을 행사한 근대 일본의 권력 집단이다. 본

望, 1849~1940[20]는 취소는 안 되고, 그러므로 사이토 수상의 요청을 들어주면 안 된다고 천황을 설득했습니다. 그 이유는 첫째, 천황의 권위를 결정적으로 실추시키는 행위라는 것, 둘째는 육군이 공공연하게 천황에게 반항할 수 있다는 것이었습니다.

더구나 2월 11일에는 사이토 수상도 천황에게, 러허 작전을 감행하면 국제연맹으로부터 제명당할 우려가 있기에 어떡하든 중지시키고 싶지만, 군부가 이미 재가를 얻었다고 주장하고 있어서 중지시키기 어렵다고 고충을 토로했습니다. 사이토 수상의 사정을 들은 천황은 자신이 내린 재가를 취소시킬 수 없냐고 궁중 측근에게 여러 번 물어봤습니다. 사이토 수상에게 힘을 실어주려고 그랬던 것 같습니다. 그래서 말했습니다.

래 이들은 메이지유신을 추진한 일본 근대화의 주역이다. 메이지유신 이후 실권을 장악했고, 현역에서 은퇴한 뒤에도 오랫동안 '원로'라는 이름으로 정치, 외교, 군사에 강력한 영향력을 행사했다.

20 근대 일본의 정치인이다. 이토 히로부미와 함께 정우회를 창당했고 이를 기반으로 당 총재, 수상 등을 역임했다. 정계 은퇴이후에도 원로로서 수상 추천권을 행사하며, 국정에 강한 영향력을 행사했다. 대외적으로는 미국, 영국과의 관계를 중요하게 여겼고, 대내적으로는 서구적인 정치체계를 존중한 온건파였다.

하지만 끝내 천황의 재가는 취소되지 않았고 2월 23일, 러허 침공 작전이 시작되었습니다. 그리고 다음날 국제연맹이사회는 만주국의 존재를 인정할 수 없다는 권고를 찬성 42표, 반대 1표(일본), 기권 1표(샴, 현재의 태국)라는 압도적인 다수로 채택했습니다. 이에 일본은 국제연맹에서 탈퇴를 통고하기에 이릅니다.

러허 작전 당시 쇼와 천황은 작전 중지 명령을 내리려고 했습니다. 하지만 메이지 헌법하의 입헌 체제에서는 대원수인 천황일지라도, 통수부의 보필을 받지 않으면 대권을 행사할 수 없었습니다. 그리고 이를 알고 있었던 측근들이 작전 중지 명령을 말렸던 것입니다. 어쨌든 천황도 이미 진행된 군사행동을 막을 수는 없었습니다. 참으로 불행한 사태였습니다.[21]

---

21   쇼와 천황(히로히토 천황)이 정치·군사에 대해 어디까지 관여했는지의 여부는 일본의 역사학계에서도 의견이 엇갈린다. 메이지 헌법의 천황제 규정이 절대주의적인 면과 입헌주의적인 면을 둘 다 포함하고 있기 때문이다. 따라서 천황의 역할은 제도의 운용, 당시의 상황에 따라 달라질 수 있었다. 하지만 중대한 결정은 반드시 천황의 허락이 있어야 했다. 즉 쇼와 천황은 결코 유명무실한 존재가 아니었던 것이다.

8. 개척 이민

일본인들은 만주사변에서 시작해 태평양전쟁의 패전으로 끝나는 일련의 전쟁에서 참으로 가혹한 대가를 치러야 했습니다. 그중 하나가 "젖과 꿀이 흐르는 땅으로"라는 아름다운 구호 아래 만몽 개척 이민을 떠났던 개척민들의 운명입니다. 일본 정부는 소련군과 비교해 관동군의 방비가 약하고 병력도 부족하다고 생각했습니다. 그래서 '만몽 개척 청소년 의용군'이라는 제도를 통해 부족한 부분을 보강하고자 했습니다. 또 국가에서는 공황의 여파로 회복이 어려운 농촌에 대해 분촌 이민을 장려했습니다. 마을 사람 중 일부가 만몽으로 건너가면, 남은 마을 사람들은 국가와 지자체로부터 특별 조성금을 받는 제도였습니다. 그러면 부채에 신음하는 마을 사람들은 빚을 갚기 수월해집니다. 또 국가에서는 만몽으로 가면, 도항 준비금을 지급하고 도항 후의 생활 보장도 후하게 해주겠다고 선전했습니다. 그러나 약속은 지켜지지 않았습니다.

나라에서 마련해준 개척지의 상당수는 미개간지였습니다. 개간된 토지도 많은 경우, 현지 농민의 것을 힘으로 빼앗거나 아주 싼 가격에 강매한 것이었습니다. 그래서 일본이 패전했을 당시, 주변 농민들은 일본인 개척민의 땅을 약탈하기도 했습니다.

또 태평양전쟁이 시작되었을 때 일본 본토의 중소 소매업자, 견직물 업자 등 사치품 산업 종사자들은 직업을 바꾸어야 했습니다. 전쟁으로 물자가 통제되는 상황에서 중간 상인과 사치품 업자가 돈을 벌 수는 없었기 때문입니다. 그래서 이들 중 많은 수가 만몽으로 건너갔습니다. 정말로 많은 사람들이 바다를 건너 '신천지'로 건너갔습니다. 얼마나 건너갔을까요?

어떤 자료에 따르면, 패전 당시 만주에 있던 개척민은 22만 3,000명이었다고 합니다. 그중 무사히 귀환한 사람은 약 14만 명 정도였습니다. 나머지 8만 명은 소련군 침공을 피해 도망해야 했고, 귀국선을 기다리다가 수용소에서 발진 티푸스로 사망하기도 했습니다. 또 소련군의 침공 와중에 집단 자살을 하거나 위험 속에서 중국 농민에게 아기를 맡기는 등의 일도 있었습니다. 비극적인 일이 셀 수 없이 많았다고 합니다.

아주 오랜 세월을 기다려 겨우 귀국할 수 있었던 잔류 부인[22] 그리고 잔류 고아[23]의 비극도 바로 이 사태에서 비롯된 것입니다. 이런 사건을 생각할 때, 우리는 국가의 책임을 강하게 요구하는 마음으로 역사를 돌아보아야 합니다. 하지만 만약에 자신이 분촌 이민을 마을 사람에게 권해야 하는 촌장이었다면 어떻게 행동했을까? 혹은 지자체의 개척 이민 담당자였다면 어떻게 행동했을까? 또는 이민을 떠나려고 하는 사람의 아내였다면 어떻게 행동했을까? 또는 자신이 관동군 장교였다면 어떻게 행동했을까? 그런 식으로 자신의 눈으로 역사를 돌아보았으면 좋겠습니다. 그러면 일어날 수 있는 또 다른 이야기가 보일 수도 있습니다. 이러한 태도는 역사로부터 미래를 살아가는 지침을 얻고자 할 때 꼭 필요하다고 생각합니다.

---

22   혼란 속에서 중국인과 결혼한 일본인 여성들. 이들 중 많은 수는 전쟁과 혼란
      속에서 부모 혹은 남편을 잃고 중국인과 결혼했다.

역자 후기

　이 책『일본은 왜 점점 더 큰 전쟁으로 나아갔을까』는 도쿄대학의 가토 요코 교수가 쓴『막을 수 없었던 전쟁とめられなかった戦争』의 한국어판이다.

　이 책의 최대 문제의식은, '일본이라는 국가가 침략전쟁에 나서는데, 왜 그 움직임을 아무도 막을 수가 없었는가'라는 것이다. 이를 설명하기 위해 가토 교수는 만주사변부터 태평양전쟁의 패전까지의 과정을 시간의 역순으로 설명하고 있다. 이를 시간 순으로 풀어서 정리하면 다음과 같다.

　① 일본의 군부는 만몽(남만주와 동부 내몽골)을 점령하기 위해 만주사변을 일으켜 만주 전역을 장악했다(만주사변).
　② 일본은 침략을 더욱 확대해 중국과의 전면 전쟁에 돌입했다(중일전쟁).
　③ 일본은 중일전쟁에서 중국을 지원하는 미국을 상대로 전쟁을 시작했다(태평양전쟁).
　④ 미국의 공격으로 엄청난 피해를 입은 일본은 결국, 항복을 선언했다(일본 패전).

가토 교수는 이 일련의 과정에서 지도층을 포함한 일본인이 어떻게 잘못된 선택을 했는지를 설명하고 있다. 팽창의 욕망으로 침략을 감행하고, 그 과정에서 일이 꼬이면서 수습할 수 없게 되고, 그럼에도 너 큰 욕심으로 잘못된 선택을 반복하다가, 어느새 점점 더 큰 전쟁으로 일본을 끌고 갔다는 것이다. 그리고 그러한 일본의 선택은 침략당한 다른 나라 사람뿐 아니라 일본인 자신도 불행하게 만들었다는 것을 강조한다. 역사학자로서의 성찰이 잘 담겨있는 책이다. 이 책의 내용은 가토 교수의 또 다른 저서이며, 한국어로도 출판된 『그럼에도 일본은 전쟁을 선택했다』, 『왜 전쟁까지』의 내용과 일정 부분 겹친다. 하지만 이 책은 앞의 두 책이 다루는 주제를 상당히 컴팩트하게 정리했다. 색다른 관점으로 한국인이 이해하기 어려운 개념을 알기 쉽게 설명해주고 있다.

그렇게 볼 때, 이 책의 매력은 전쟁에 대한 성찰을 컴팩트하게 정리한 데 있다. 모쪼록 이 책을 통해 제2차 세계대전 당시의 일본사를 쉽게 이해했으면 좋겠다. 또, 근대 일본을 통해 오늘을 돌아볼 수 있었으면 좋겠다. 역사는 현재를 보는 거울이 되기 때문이다.

이 책을 번역하는 데 도움을 주신 분들이 있다. 먼저 책의 출판을 허락해주신 소명출판의 박성모 대표님께 감사드린다. 또 원광대학교 동북아시아인문사회연구소는 좋은 연구 여건을 제공해주었다. 마지막으로 늘 응원해주시는 부모님께 감사드린다.

윤현명